要有一个远见

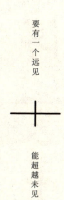

能超越未见

許倬雲十日談

白謙慎 敬署

许倬云
十日谈

CHO-YUN HSU'S
NEW
DECAMERON

当今世界的格局

与人类未来

许倬云 讲授

冯俊文 整理

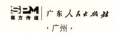
广东人民出版社
·广州·

有学问的专家不谓不多，但有智慧的大家实在太少，而许先生，就是当今在世的大智者之一。

—— 许纪霖(历史学家、华东师大教授)

许倬云先生以博古通今的学问，关切民族与国民的境遇，思考人类文明的命运。他的洞见、忧思与告诫凝结着非凡的智慧和良知，值得我们每个人倾听与思索。

—— 刘擎（政治学者、华东师大教授）

许倬云先生是当世学问大家，治学严谨，而又能以通俗的语言深入浅出，别出一格。老先生饱经忧患，而家国情怀不改，他的话里悲天悯人的胸怀，令人感佩。

—— 施展（外交学院教授）

许倬云先生是当世史学大家，老先生尤其难得有一颗爱普通人、为普通人寻求安顿的心。

—— 罗翔（中国政法大学教授）

许倬云先生以他宏阔的国际视野、深厚的史学功力，在历史和现实的世界中纵横驰骋。让人感佩他精深的学问、睿智的见识之余，也深深地感动于老人家对中国文化深沉的热爱和对中国未来真切的期待。

—— 余新忠（南开大学历史学院教授、医学社会史专家）

某种程度上来说，历史既发生在过去，也发生在现在，可能也发生在未来，读许教授的"十日谈"，你会有一种历史在折叠的感觉。

—— 梁冬（正安康健创始人、生命通识学院创办人）

在这本"十日谈"中，许倬云先生涉及了广泛的现象与议题，始终持有中西比较的眼光与意识。他以"易"为前提来建立思考，来观看世界范围内知识与思想的变化与融合，来使我们将自身的存在历史化，并由此相信"并不存在历史决定论，历史只能永远追寻、矫正和改进"。

—— 李伦（《十三邀》出品人、腾讯新闻副总编辑）

许先生是当代难得一见的大家，有幸聆听过许先生的直播课，受益匪浅。这十堂课横贯古今中西，学识渊博，对当今世界形势判断准确，高屋建瓴，让每一个希望了解国际关系和全球未来的人都有所收获。

—— 郝景芳（童行学院创始人、科幻作家、第七十四届雨果奖得主）

疫情猖獗肆虐全球，未来在何方？中美关系急剧恶化，出路在哪里？穿越古今，横跨东西，人文科学，激情智慧，"十日谈"字字珠玑！

—— 张双南（中科院高能物理所研究员、中国科学院大学教授）

中国自古不缺智识，缺的是力量。美国代表的西方的力量是显见的，是被学习的，更是值得被仰视的。许先生的"十日谈"，睿智而绝无戾气，是只有千年史观和百年人生共一身才可能有的平和，能够帮助读书人平视世界。

—— 李菂（中科院国家天文台研究员、FAST运行与发展中心首席科学家）

要有一个远见，能超越未见

　　同事告诉我，许倬云先生的"十日谈"课程要出版了，让我写序。我说："这件事我哪敢啊！"夜深人静的时候想了想——恭敬不如从命，许先生或有深意。

　　我总觉得老一辈文化人身上保留了中国传统里许多美好的东西。那些东西说不清道不明，但激励过我。曾有幸拜访过几位台湾的长者，他们都如许先生一样让我崇敬。星云大师见面时开口第一句话是："贫僧星云。"我当时就想：全球有几十家道场的星云大和尚还是个"贫僧"啊。在诗人余光中先生家里受教三个多小时，分别前他问我叫什么名字。我说叫"文厨"，大诗人说："噢……你这个名字以前没有过啊！你叫文厨，我们就在我家的厨房合影留念吧。"没多久，余先生走了，我泪流满面。

为什么高山书院会邀请许先生来讲授"十日谈"？我们是一个以"科学复兴"为使命的学习型组织，为什么要请一位历史学家来授课呢？我朦胧地感觉到新冠肺炎疫情当下，我们需要有穿越时空的视角，审视当下自身所处的世界以及未来。许先生不愧为史学大家，知微见著，娓娓道来。主持了十期"十日谈"，我被先生的渊博折服，也被先生那份对国家民族的真诚用心感动。

有时候我问自己，什么叫幸运？做一份自己热爱的工作，能够让许先生这种文化、学术大家的思想照耀自己以及这片土地就是幸运。仅仅是如此吗？我没有满足！即使是许先生，我们还可以为他做些什么？还有什么我们可以做的力所能及的事情？近来，高山书院的天文学家带着我们仰望星空。原来每一颗星星的存在，都是以数亿年乃至数十亿年为时间尺度来衡量的。我们以几千年的人类文明的视角来观照，是不是也显得太短了？老子说"地法天，天法道，道法自然"，顺其自然，自然而然。与广阔浩渺的宇宙相比，人类几千年的文明不过须臾，星辰大海也不过须臾，那么什么是永恒的呢？

当我们把目光投向浩瀚星辰，探索地外文明，这是一种激动人心的憧憬。当我们选择内观，开始研究人类大脑，探索"客观世界是不是客观存在的"？我最终选择了"妥协",我决定观照自己,向自己身边探索。这就是新冠肺炎疫情以来我反复问自己的问题。"把文章书写在祖国大地上,让科学播种在自然山水间",我尝试给自己一个安慰。

王国维的《人间词话》中所说的人生三"境界"令人神往。于我而言,"千山鸟飞绝,万径人踪灭。孤舟蓑笠翁,独钓寒江雪",这是一重境界;"问渠那得清如许,为有源头活水来",也是一重境界;"采菊东篱下,悠然见南山",又是一重境界;"寄蜉蝣于天地,渺沧海之一粟",别又一重境界。

感谢先生的那份用心和情意,"要有一个远见,能超越未见",十日之谈若能领悟此境界一二,亦足矣!

高山书院创办人、校长 文厨
2021 年 9 月 1 日于高山书院

目 录

许倬云
十日谈
─┼─
CHO-YUN HSU'S
NEW
DECAMERON

总 论

混乱之下的世界，
中国能否独善其身？

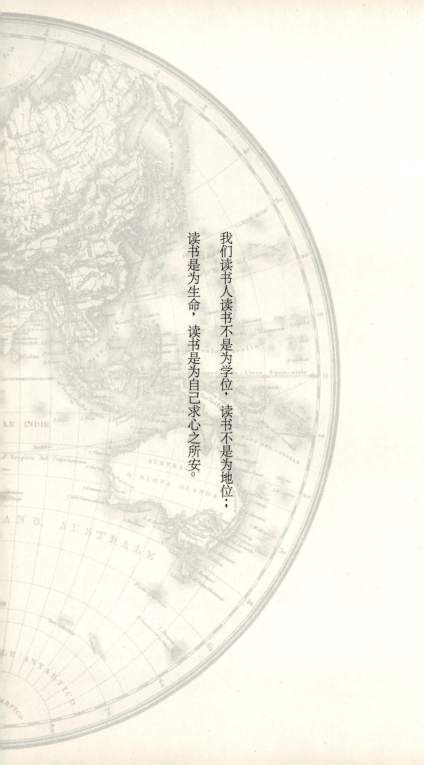

我们读书人读书不是为学位，读书不是为地位；

读书是为生命，读书是为自己求心之所安。

中世纪的欧洲曾经爆发过大瘟疫，意大利作家乔万尼·薄伽丘的《十日谈》就是以大瘟疫作为时代背景创作的。今天我们也在面临新冠疫情的全球爆发，美国感染人数两千多万。恰好又碰上了美国政治上的变化，美国总统特朗普做了许多荒谬的事情。乃至总统选举结果出来以后，他居然不承认这个结果，还意图用行政命令延长自己的任期。这个做法荒谬之至。把这两件事合在一起看，我自己的感想是一句中国老话："苛政猛于虎。"

美国正在爆发的疫情的影响是世界性的，也是生物性、病理性的，这种蔓延的趋势不容易制止。但比疫情更严重的，是文化性、社会性的集体疯狂。具体而言，就是野心人士欲望的膨胀和愚昧无知，这二者结合产生了"政治瘟疫"——执政者牢牢抓住权力不放。为了抓住权力，对外发起挑战，四面树敌；对内任性胡为，制造不安。特朗普只知紧抓权力不放手，他的行为已经导致国家行政的混乱，甚至影响到全球政治。如此情形的社会性"大瘟疫"，其严重性远比病理性疫情更惊人。

特朗普如此施政是动摇美国国本，严重下去将使得世间不再有法律，更严重则会破坏美国立国的文化基础。如果美国政治不再有法律约束，人们也不再珍惜立国的文化基础，人将何以为人？一个如此的美国，岂非是人类历史的大悲剧？我们真的没有想到，这个可怕的现象出现了——美国居然有近一半选民会附和这样愚昧而盲目冲动

本文为 2020 年 11 月 15 日，许倬云先生对"十日谈"的总结回顾。

的野心家，特朗普居然能得到七八千万张选票！美国人民居然能够容忍他，倡言可以推翻已经执行二百余年的选举制度。我们当然可以诟病美国选举制度的不完备，尚有漏洞。但我们更要检讨的是：号称法治、民主、自由的美国文化，为什么在这些高尚的理念之下会出现这一"独夫"？出现之后举国人民都无法抵制他的任意妄为？

三百年来，进入美洲的欧洲移民开拓疆土，设计出这一民主自由的政治体制，累积形成了今天的美国文明。这个文明表面看来高楼大厦，富强无比。美国人因此充满信心，以为天下无事不能做到。为什么这么一个社会，这样一个国家，居然无法预防这样的野心家出现？为什么现在的美国要重蹈古罗马帝国的覆辙？当年的罗马帝国雄踞欧洲，罗马军团兵锋四出，年年征讨掠夺领地，而后统帅大将率军镇抚一方。但是这些罗马兵团和将军出去以后不再回来，慢慢地将罗马帝国掏空了。掏空后的结局是，各处来的蛮族进入罗马帝国，从奴隶进而为农夫，又进而为军人；罗马人则以征服者的身份分散在各地。最后，罗马人自己的本土终于被周围纷纷进入的"蛮族"侵占——随着五六拨蛮夷从南北方向进入欧洲，罗马帝国灭亡了。这个局面似乎会在今天的美国重演一遍。

二战结束以后，美国耗尽力气建设强大的武装力量，以此实力独霸全球。与此同时，美国也耗尽财力建成一个以美元为中心的世界经济体系。可是，趾高气扬的美国人并不满足，他们志在长期主宰全世界。特朗普只是出头露面的代表：他志在以个人威

最终导致罗马帝国灭亡的，是侵入帝国本土的"蛮族"，这个过程和当下的美国很像。图为东罗马帝国第一位蛮族出身的皇帝马克西米努斯（Gaius Julius Verus Maximinus，173–238）。

权主宰美国，进而主宰全世界。如此环境之下的世界，哪怕没有今天的特朗普，早晚会有另一个特朗普出现。欲望推动之下，作为总统的特朗普，他的个人膨胀和美国国家的膨胀是一体的。美国的问题是成功以后个体和国家的膨胀带来的不断扩张的野心，这才是我们必须长存警惕之心的地方。中国正处在复兴的前夕，对此尤其需要心存警惕。

"十日谈"的课程进行了十个星期，我们讨论的主体是中国文化问题，比较文化研究还并不是主要课题。这种情况之下，我们回头看看"十日谈"的记录就能发现，每一次的讨论，实际都以美国和世界其他国家地区正在发生的疫情作为背景。这次的总结谈话，希望大家注意到这个大动乱将会带来的全球性恐慌。在全世界惊慌失措的局面之下，如果我们将世界问题和中国问题合在一起看，中国能不能在世界混乱之中独善其身呢？中国能不能更进一步，想想如何帮助世界其他民众，大家共同缔造一个真正和平大同的社会？这个是我所盼望的。当然，这个愿望不是短时间能达到的，要花很长久的时间。担下这任务，完成这任务，是我对中国、对大家的盼望。

我这一生，生在中国，长在外国。我接受的学校教育前半段在中国台湾，后半段在美国。我的研究生涯几乎有三分之二在美国，三分之一在中国台湾。看上去我的生活是流离失所，但也因为这种"流离失所"，我对各个地方都有一些自己看出来的问题。我愿意跟大家一起讨论，让大家指出我所讨论、想要提出的问题其困难的关键点究竟在哪里？当下问题的根源在哪里？我们应如何避免许多盲点，使我们中国开拓出一条康庄大道，一步步实现真正的日新月异，让人类关怀逐渐提升到一个新境界？

　　我想提出一些过去没讨论过的课题，那就是地理环境、人群结构、经济历史以及群体互相接触时彼此采取的态度。这些是历史上的人类从小社群、一个个家庭亲属集团或者是共同生活的集团，逐步走向世界大同的过程。每一个国家或族群，在历史上都有过一定的阶段和经历。阶段不一样，类似的事情也不一定以同样的方式出现，也不一定会以同一个方式去处理。但世界永远处在变动状态之下，如《易经》所说，"变"是唯一不变的真相。所谓"易"和"不易"，"易"就是变动，"不易"就是不会改变……这个世界上，唯一不会改变的事实就是我们经常不得不改变。我们唯有以这个预设的条件为前提，才能够不断考量"世界永远不变化"的"教条"。世界上重要的宗教，没有一个不是经过一次次经历改革，才发展而成其面貌；任何论述体系，都需要因时、因地的修正，才能适用于当时当地人心的需求，解答当时当地人所面临的疑惑。

　　"文化"是一系列的理念。你可以称它是智慧，而智慧建立在知识之上。我们如何处理知识，从知识提升成智慧？如何将个人认识转换成集体的智慧，这一过程是很重要的工作。我们不能单单以考试、学位或是学术文章发表的次数，作为求知过程的指标。学术的成就是文化成就的总成绩单，文化成就的总成绩单表现在社会是否安定、老百姓生活是否舒畅；也表现在整个社会是否有秩序、是否有不断修正与改变的过程、是否有舒畅开展的机会，走向共同社会的过程中是冲突还是协调……凡此，都是一步步走来，很多情况是历史条件造成的。历史条件是由地理环境造成的，地球环境使得人类生存环境不同，进而发展出各自不同的面貌和文化。而在全球化的今天，环境对人类的影响已经越来越小，也造成今天和未来的建构人类社会的条件和因缘。中国古语说"和而不同"，"和"又该如何办？是松散的"和"还是比较紧密的"和"？是同一个文化中心的"和"，还是不同文化元素协调之下的"和"？凡此都是永远不能完全得到答案的命题。这些命题需要我们不断地追寻、检讨，学术研究就是不断给自己找问题。

此外，"文化"和"文明"其实是两个不同的概念。文化，我认为是一种行为，行为准则驱策我们形成如何选择选项、如何处理事务的理念。凡此行为表示的文化，总结在一起，超越提升为一个系统，这就是文明。文明演变成一整套理论体系，当达到一定水平后我称之为"结晶化"（crystallization）。碳离子变成水晶、钻石以后，质地坚硬不可再分割，如同佛经所说的"金刚不坏"。因此，文化一旦演变到文明的高度，就是它不再能改变、调适自己——成了一个"终结了的"文明。我不希望人类文明走到终结的地步，我盼望人类文化能不断进步，永远能够自我修整，以求得更适合的道路。《易经》乾卦说"天行健，君子以自强不息"，讲的就是如此境界。

"Culture"是文化，"Civilization"是文明。以宗教来说，信仰这个大原则在出现的时候是文化；结成为一个教会、教派，出现教主、形成思想体系的时候，这一系统即是文明。文明就是"已完成"

的系统，"完成"亦即"定格"，这一定格的系统就不能再改变了。

我盼望在"求知"这个行业里的同仁永远记得：我们追求的是知识，但知识提升更高层次才是智慧。仅凭个人的智慧是不够的，许多人的智慧合在一起才能构成文化的潮流。在文化潮流的进展中，还要让它永远开放、不断修改，而不是走到尽头、走到终点站。到终点站的时候就是我们下车的时候。这辆列车要继续往前走，必须要保持文化的动力。这就需要国家提供开放的环境，能够拥有自由的胸怀，持有对己诚实的态度，这些是学术界必须信守的原则。在这些原则上我们共同努力，将我们个人所知、所能贡献给大家，经历综合、比较、推演，做进一步的寻找和研究。这样我们才能使知识引导我们的生活，以生活引导我们的生命。我们读书人读书不是为学位、不是为地位；读书是为生命，读书是为自己"求心之所安"。我们今天谈到这里，希望不太久之后，我们有机会再聚。

今天的发言是在病房里面，这是医院帮助我在家设置的病房。镜头前这个是电动吊兜，把我从轮椅升到床上，从床上提回到轮椅。我自己不能动，要靠机器帮忙。在这种情况下，我与各位共同努力的时间不会太长久了。当然，每一句话都出自我的诚心。我盼望此时此地走这一遭，有机会跟大家说这些话，使大家心里激动一点，本来平静无波的心里可以起个涟漪。小波浪可以造成大的潮流，推动大家不断地进步。"天行健，君子以自强不息"，只有不息的自强，才是真正的健康和健全。

以此共勉，谢谢各位。

问道
许先生

夏志宏，高山书院教务长、校董，美国西北大学终身教授，著名数学家

夏志宏：中美这一段时间的冲突的核心是什么？是利益冲突、文化冲突，还是种族冲突？

许倬云：中美之间的冲突是文化之间的不协调，并不是文化冲突。东方文化没有办法反映到西方去，对西方没有冲击，或者冲击非常薄弱；而西方文化对中国的冲击极为强烈。所以我才说这不是文化之间的冲突，而是文化间的不协调。因为不协调，导致许多地方乱七八糟。我念书向来不只念书本上的知识。我是在战乱里面长大的，战争的烙印、苦难中的忧虑，从五六岁、七八岁就开始融入我的血液。我向来就能看得出，老百姓包括我自己面临什么样的恐惧、什么样的忧愁。我不像一些大师们，他们有权利去学校读书。很长一段时间的人生里，我几乎就没有权利去上学读书。我小时候没有在学校读过书，我都是在家里自己读。大师们读书，传承的是先贤的教训。而我更多的是从老百姓的角度去看待这个世界，理解我们的时代。作为一个老百姓，我要的是太平日子，和和平平、舒舒散散，一家人安安乐乐地过小日子。

我希望的是过这种太平日子，但是过不了，反而是不停的逃难，跑个不休。过日子的纠结在哪里？逃生的问题在哪里？

　　所以我念书从来就不是在书本上念，而是在人的生活里看普通人的生活，看他们生命里，遭遇何种困难。从这个方向来想，最后归结到民族文化与个体生命的关系。民族的文化追溯源流，是上层的文化下达到民间，又普及成为中国文化的特色。我觉得这个是中国人的安身立命之所，这个安身立命的地方在大社会、小社会、层层圈圈都有体现。它形成的天然的网络、人间的网络、交通的网络、人事关系的网络和地缘的网络等重叠在一起，互相影响、互相交流、互相干扰，综合起来变成一呼对一应。所以，我才感觉到人间的生活是互动的：大圈和小圈的互动，人跟群体的互动，自然跟人间的互动，过去与现在的互动，现在和未来的互动。

　　中国的这一套东西为什么对中国有意义，而对西方没法有同样的意义呢？因为西方有基督教。欧洲不管是东正教也罢，天主教也罢，新教也罢，甚至是犹太教，上帝和人之间的关系是一切网络的头头。上帝你不能碰他，你只能单方面接受他的安慰或他的惩罚。中国呢？你的心就是上帝，人心怎么想就造成你看社会怎么样。许多人的心合在一起就是众人的人心，就是支配你、呼唤你、抑制你、鼓励你的力量。中国的"上帝"就是人心。

　　我常常说，为什么中国传说中开天辟地的人会是盘古？盘古是传说中的巨人，他的头和眼睛变成了日月，身体变成了大地，皮肤毛发变成了树木，但他的灵魂到了全天下、全宇宙。所以，中国的上帝就是创世纪的盘古，而创世纪的盘古就是你我的心。我能理解为什么后来一直到董仲舒都强调"天人感应"，一套一套的全都是感应学说。凡此感应里面中国人始终认为一切都是变化的，而唯一不变的是变化，就是《易经》里面只有"易"是"不易也"。人要习惯于变，而不是习惯于既定的、固定的政策，或者权威，或者历史的命运。每一刻历史都在转变，每一刻历史的转变都影响着我们自己，我们必须呼应转变。

　　人一直在扮演，一方面是我，一方面是众心之心。上帝在我心里，我的信仰也在他心里，一定要体会到我跟众人、我跟普罗大众的关系。孔子讲，修身修己到一定地步就要去照顾别人，安人、安民、安百姓。"百姓"是群体的组合，一百个姓氏、一百个国家、一百个大单位，"一百"是多数的意思。安民、安百姓，孔子说连圣人都难做到，但它是需要做的目标。《礼记》里面的"大同世界"连圣人都没有做到，这个目标就悬在那里了。中国人未来的理想、未来的目标，"大同世界"是要走的方向而不是已经在那里的成果，没有成果在那里等你一脚跨进去。这与道教、佛教不同。在道教、佛教中，可以说到一定地步就成了仙、成了佛，连孙悟空都成了斗战胜佛。但孙悟空一变成斗战胜佛，就没有了战斗精神，就变成统治阶层。所以说，孙悟空只能活在孙悟空的时代，变成斗战胜佛，他就活不出孙悟空的样子。理想境界对我们来说是永远要到而到不了的境界。永远要有更进一步的可能性，永远要有纠正错误的可能性。并不存在不可改的历史命运，也不存在历史决定论。历史只能永远追寻、矫正和改进。

李伦，《十三邀》出品人，腾讯新闻副总编辑

李伦：当前的形势和人类历史上的哪个阶段或者时刻是比较相近的？我们从历史中能学到什么？

许倬云：这个阶段很难对比。可能当今的时代相当于中国的战国时期、希腊的城邦时期，也相当于十六七世纪民族国家要代替神圣罗马帝国的时期。神圣罗马帝国跟现在的联合国一样，其中各种民族、国家在欧洲竞争，要竞争出一个秩序来。最终竞争出的秩序不是建立一个统一国家，而是出现一个霸主。秦始皇统一中国是战争的结果。但在秦始皇完成统一以前，周围帮助他打天下的策略家、将军、文士来自各诸侯国，许多都是别国来的客卿。"逐客令"就是为了驱逐这些外来的客卿而发布的政令——如果把这些客卿都逐走了，也许就没有可能建立统一国家了。

现在特朗普忘了这一点，他要把外国留学生都赶走，就相当于中国古代的"逐客令"。留学生都被赶走，美国就完了。美国的主要栋梁，支撑框架的大学者，最开始以欧洲来的学者为主，后来东方来的亚裔陆续介入。美国没有爱因斯坦，就发明不了原子弹；没有杨振宁，就没有引进量子力学的可能；没有丘成桐，就无法引进新的数学。

世界上，能干的、有眼界的国家能接纳各处的长处，包容各处的优秀人才——各处都能接受大原则，容忍小原则的差异，这才是天下秩序。

葛岩，上海交通大学媒体与传播学院特聘教授

葛岩：薄伽丘写《十日谈》期间也是在躲避疫情，最后这部作品被当作文艺复兴时代个性、理性崛起，挑战中世纪对人性压抑的象征性的代表。今天您也在疫情的时候作"十日谈"，您怎么理解《十日谈》这本书的？

许倬云：《十日谈》里的许多细节其实讲的是东方社会，讨论的是印度的问题、中国的问题。《十日谈》里讲的故事，有人认为是欧洲的近代文学的开始，有一点像异域的奇怪的风俗谈，是关于异域环境、文化的介绍，所以里面谈论印度、谈论中国的部分特别多。《十日谈》中也有讲到东方没有而西方有问题的地方，比如男女两性之间的问题。性欲和性作为上帝制定的亚当夏娃之间的关系，这中间有冲突，不然怎么会有强奸？强奸的问题怎么来的？这里面也有讨论西方文明空白之处如何填补的问题。

我对《十日谈》这本书的解释是，书中收集了一些当时的大家在忧患困苦之下质问自己、反省自己的问题的记录。比如我们的世界有问题，问题在哪里？东方世界的问题在哪里？薄伽丘对东方有时候美化，有时候误解，两种态度都有。三十年前，在我还年轻的时候，我常常问我的父兄辈：西方现代文明怎么看待世界的问题？后来，我明白了——师长父兄这一辈人，并没有解决世界面临的问题，西方并没有法宝。我在台湾大学教书的时候，

有个教授老问我："西方学术的理论怎么样？"我说："没有理论。学术就是学术，只有意见。"西方学术的许多意见并不一定是全通的，他有他的意见，我有我的意见；他有他的困难，我有我的困难。中国到现在才开始有信心与别的文化进行比较。我最近出的书，基本都或直白或隐晦地包含了东方和西方的比较。《许倬云说美国》虽然说的是美国的历史，其实就是拿东方和西方彼此比较、观察美国社会的问题何在。

高丰，高山书院 2018 级学员、峰尚资本管理合伙人

高丰：东方文化自身是包容的，但今天却又不是被西方接受的。对于如何更好地融合东西文化，您有什么建议吗？

许倬云：我想，要实现东西文化的融合并不困难。上帝在西方的独断是体现在自身的情绪方面，理论方面谁都知道上帝是空的。西方人独断的情绪还在，把这个情绪抹掉就可以交流了。中国文化里的大同世界，每个人都有参与的资格，每个人都有发言的身份。中国本身不要自大或者自暴自弃，也不要说我们如何优秀，甚至不要说中国有优秀的血统。中国千万不要以自大的方式来对外，尤其是夸大的自豪。要有理性的宽容，有耐心的说明，反复强调我们是共存共融、互惠互补的文化。

世界经济已经到了谁也离不开谁的局面，不可能逆流而行，

大家再关起门过日子。我们愿意和大家一起做，愿意合作协调，各尽其能，各取所需，谁也不能占便宜。中国做带头羊，但不做"唯一的"带头羊，可以做几个带头羊里面的一个。我们有自己的负担，有十几亿人口要喂饱肚子，这不是小事情。世界的日子好过，我的日子也好过，这种想法是可取的。不要自大，不要回到当年大帝国的时代，不要走到独自带头的地方，带头是吃亏的。世界真正的好领袖，不管是街坊里面的小混混头儿，或者大帝国、大国家的总统，都不要忘记做头头的人是必须准备吃亏的人。

罗家伦先生曾对我讲，做头马最累。头马带其他马去水草丰密的地方，有照顾群体的责任和义务。白天，别的马吃草，头马巡视四周，观察有没有灾害、有没有困难、有没有危险；晚上，别的马睡觉，头马还得每过一小时，必须起来转圈巡查。头马最苦最累，愿意做头马是愿意承担责任。愿意做头马不是享受权利，需要尽义务。中国也不能说"我要做头马，因为我配做"。

做头马要付出代价，要比别人累、比别人苦，得任劳任怨。个人如此，国家如此；个人如此，民族如此；个人如此，社会如此。都是这样的。

许倬云
十日谈

CHO-YUN HSU'S
NEW
DECAMERON

第一讲

疫情恐慌下的

人类社会

也许新冠疫情的发生，助长了这个时代已经存在的长期不安。

自从秦始皇实现大一统以后，历朝历代的中国政府对于瘟疫的记录几乎是常态，地方长官对于战争以及随之发生的大型灾害一定会记下来。可真正大规模爆发的瘟疫，记载比较多的是在公元二世纪后半段——大约公元170年一直到公元220年这半个世纪。这段时期的中国几乎是瘟疫不断。

中国历史上的三次大瘟疫

东汉末年，发生瘟疫的最大的地区是豫州、青州、徐州。这是当年的东汉政权的核心区域，整个中原地带的东半边。那个地带在东汉时期人口最繁密，农业非常发达，居住的环境相当拥挤。而且有个问题是常常发生水灾。如果黄河、淮河发了水灾，有些地区一年里面就会有半年时间浸泡在水里面。这种浸水的地方，就是培养细菌最好的环境。因为潮湿的关系，当地年年都会发生疾病。

这一段时间内，有更重要的事情，是中国的"医圣"张仲景出现了。他是河南南阳人，家里是有两百多人的大族，瘟疫以后死了三分之二。所以他结合自己临床治病的经验研究瘟疫，写了一本医书叫《伤寒杂病论》。这本书是具体地、实证地从自己看病的经验，对疾病症状分类、分析，并提出诊疗方案。这一段时间，中原地区死亡率是很高：当时大概全中国人口有五千万上下，在瘟疫大

张仲景的《伤寒杂病论》，是切实地从自己看病的经验总结，对疾病做分类、分析，并提出诊疗方案。这本著作对后世影响深远，仲景也因此被尊为"医圣"。图为《伤寒论注》清乾隆刻本。

规模爆发的区域大概有两三千万人口，那是人口最集中的地区。假如按照张仲景家族损失三分之二人口的比例来推算，这就相当可怕了。而且这种瘟疫是连年不断的，来年甚至连续几年都发生。

城市里面发生瘟疫的情况，跟农村那边几乎是一样严重。农村可能是因为医药环境差一点，但是面对瘟疫，城市里的人也没有很有效的办法应对。比如说历史上的"建安七子"，是当时有名的七个文学家，其中有五个死于传染病，可以想象其严重了……这是公元217年发生的事情。

这段时间北方发生

这么大规模的瘟疫，可以说对中国造成了很大的影响，受影响最大的是农村。在中国还是农业国家的时代，精耕细作的农业一方面取决于土地面积，一方面取决于劳动力。假如一个家里有三个劳动力，两个大一个小，有一两个人在瘟疫中去世，这一家的生产力就等于完了。瘟疫爆发的中原一带财富总量占全国三分之一上下，如果这一带整个的农业生产规模不够，那么就一定导致整个国家的经济状态不行。瘟疫爆发影响农业生产的后果就是饥民激增，然后这些饥民投向流寇，投向各地地方武力，他们正好提供了三国时代群雄争霸的兵员。而且战争本身也会导致瘟疫产生，因为军队伤亡而产生的许多死者堆着没人处理，也导致细菌繁殖。

所以瘟疫的后果，第一是它会使瘟疫集聚发生地的人口快速减少，经济生产力弱了，社会秩序乱了；第二是瘟疫中孳生的细菌会继续繁殖，甚至扩散到各处去。东汉末年的这次灾害，将整个汉代的统一局面拉垮了。

大的瘟疫以后，尤其是连续多年的瘟疫以后，会形成一个混乱不安的局面：瘟疫、疾病、死亡。瘟疫导致大规模的人口死亡，死亡产生的尸首不能处理，病情没法处理，进而形成更大规模的恶性循环。这会导致人类的生存环境恶化，它可以造成五六十年甚至一二百年的长期影响。

东汉结束以后是魏晋时期的"五胡乱华"。等到南北朝以后，中国国内族群的分布已经跟汉朝的不一样了。少数民族进入中国，融入中国的大熔炉之中。他们慢慢汉化，在中国落户生根。隋朝的人口，以他们的本质基因而论，已经和汉晋时的人口不一样了。

这种变化之所以发生，最大的原因就是严重的瘟疫。

除了这一次导致东汉帝国解体的大瘟疫，中国历史上还爆发过另外两次很严重的瘟疫。其中一次是发生在元朝。成吉思汗从东北进攻金国，一路向西打，建立了一个世界上最强大、领土最广阔的蒙古大帝国。从上都到欧洲这条路上，蒙古帝国的驿道陆续不断，来来去去的人很多。蒙古人的海上力量也延伸得很远，当时的阿拉伯国家和印度还有中国南部的商人都投入到海上的活动里，港口之间船只来往不断。

这些来往不断的船只、商旅，使得十四世纪在欧洲爆发的黑死病变成全球性的瘟疫，从欧洲一直影响到中国。这次黑死病影响之大，甚至使欧洲的地图都因此产生了极大的改变。瘟疫导致的欧洲人力不足，逐渐形成以机器生产来代替人力劳动的趋势。

这场蒙古时代的大瘟疫，从十五世纪一直延续到十六世纪。因为蒙古大帝国的存在，东西方之间的距离拉得很近。这个时候的黑死病是非常严重的疾病，在每个地方都造成了极大的伤害，中国就有黑死病的出现。一直到明朝初年，蒙古帝国时期黑死病的影响还没完全消除。明末，海上的往来贸易又把西方的黑死病带到中国的东南和华南，尤其是华南地区。

上面讲的是几次重大的灾害对中国历史造成的影响。对全世界而言，大的瘟疫或大的流行病传播，简直可以排成一串：黑死病、疟疾、天花、伤寒等，种类繁多不及备载。到最近这些年，禽流感、新冠病毒，这一系列的东西都是在国际贸易流通的背景下发生，使全球蒙受其害。

就黑死病而言，沙漠里面的老鼠携带病菌，沙漠商队走过，老鼠就将其传播到人身上。商队随着贸易往来把黑死病的病菌传到各处，海路上的情况亦复如此。黑死病若是在船上爆发，一条船进入欧洲港口时可能已经空空如也——船员都已经死光了，成了鬼船。

黑死病以及其他类似疾病在近世以来造成的影响，不仅塑造了欧洲的面貌，也塑造了全球的面貌。假如没有海道上那么多的来往，那么多人携带的传染病，美洲不会被白人全面占领。白人进入美洲以后带来天花以及性病——尤其是天花（天花在别处不会严重到这种地步），美洲的印第安人对天花没有免疫力，于是印第安人口从三五千万减少到现在的三四百万。这里面有一部分人是死于战争，更多的还是白人带来的病菌导致的大规模人口死亡。这是一个改造世界面貌的大事件，对此后的世界也产生了深远的影响。

其实，海路上受影响的不仅是美洲，许多岛国和沿海的口岸都感染了病毒，有些地方的老百姓几乎灭种。比如西班牙人进入了美洲加勒比海，加勒比海当地的原住民就几乎全死光了，这个也是全球性的影响。芝加哥大学教授麦克尼尔（William Hardy McNeill），他专门研究疾病，到后来也研究海陆交通上的疾病。他以为火药、疾疫、商品构成了近代世界，就是因为在海上通道上，这些事情都发生了。

对中国来说，明末的瘟疫也是从欧洲传过来的黑死病，从南部的港口进来了。这次瘟疫发生的时候，欧洲的思想经过葡萄牙

黑死病以及其他类似疾病在近世以来造成的影响，不仅塑造了欧洲的面貌，也塑造了全球的面貌。图为描绘中世纪欧洲黑死病的版画。

麦克尼尔（William Hardy McNeill，1917-2016），美国芝加哥大学教授，曾任美国历史学会主席、美国世界史学会主席，代表作有《西方的兴起》《瘟疫与人》等。

的传教士也被带进了中国。但中国没有真正领受、欣赏到西方新的思想的好处，也没有意识到西方人对自己的挑战也可以是好的事情。这些人离开了，明朝政府就忘了他们所传播过来的知识、思想。面对外来思想和文明，明朝为何没能做出正确的反应？这里面缘故很多，大家知道明朝的独占性跟专制独裁，使他们不主张、不喜欢臣下挑战国家权威以及对皇权进行批判。这种独裁统治使得新的思想无法进入，这是缘故之一。

另外一个原因是在沿海地带黑死病闹得很凶，有很多人还感染疟疾、血吸虫病等等。等于说，政府没有办法使全国人民安定。政府控制瘟疫的方法是烧掉因病毒致死者的尸体，结果在国内造成了大规模的内乱。最后导致李自成从陕北带着部队一路打到北京城，明政府军队几乎没有抵抗力。这一时期的中国遭受了极大的瘟疫，经济和生产力都遭受了极大的破坏。后面入关的满族人，他们没有受到疾病的影响。他们驱使着中国北方的老百姓以及明政府投降的军队南下，大批的南方军队无力抵抗。这是影响中国历史的一个重大事件。

瘟疫发生的时空特性

现在我们要对几种瘟疫，及其所在的地域地理特性再加以讨论。中国及世界当前面临的瘟疫有两种来源，有一种是湿性的，就是水里边的病菌寄生、滋长，同时经过饮用水侵入到了人的身体里面。沙门菌寄生在水里面，滋长到了一定地步的时候，就会侵犯到人体之内，造成无法挽救的疾病。而疟疾是靠蚊虫作为媒介来传播病毒，蚊虫的寄生地就是那些潮湿的地方。所以现在我们看伤寒、疟疾、痢疾还有其他的类似病，在中国本土就很容易发生。

中国的淮水以南基本上都有气候潮湿的问题，而且有很多湖泊、河流和山林。山林里面林森树密，也非常潮湿。这一带还存在南方特有的血吸虫病，有的人在水里工作，血吸虫经人的皮肤进入人体。还有麻风病，也是在温带比较潮湿、带水的地方多发。我们看中国的大部分疆域，从中原以南都是这一类的自然条件。这种情况下病菌很容易存活，在农村地区更容易广泛传播。

几千年来中国一直以农为本，所以一直到近代，中国的居民百分之八九十还是生活在农村里边。农村生活的问题是，首先居住环境需要靠近水，灌溉用水、饮用水都要从河流、湖泊里面获取。在南方农村的水田里面，水长期蓄积在那里，不会因为蒸发变干。这种环境对于细菌的滋生是非常理想的。同样，有草有水的地方蚊子就多。树林子里边或潮湿的地方有瘴气，容易感染疟疾也是这个道理。我们最早看到的瘟疫，大概都是属于这一类情况，跟温暖、潮湿的环境有关系。尤其从汉朝以后，往往是中原到海边瘟疫会广泛地发生。

瘟疫发生以后，因为瘟疫出现的人口大规模的死亡不断发生。到一定地步了，一个村一个村的人就消失了。逃荒的人从疫区逃出去，带着病菌一路跑。因为他的排泄、饮食种种留下病菌在当地的环境中，尤其是水中。所以病毒的传播范围，往往跟水的方向、水流的方向有相当大的关系。此外，还跟沿着大的道路的人口流动有关系。瘟疫往往是在东西方向流通得很快，沿南北方向则更容易发生变异。像汉末流行的这种伤寒瘟疫，它是在中国地带内变异出的。

还有一种瘟疫——鼠疫，也是全球大规模爆发的灾害。沙漠里面的老鼠是传播鼠疫病毒的动物，这种瘟疫通常发生在干旱的地方。如果有大批的商队经过，感染鼠疫病毒后，他们就变成了病毒的传播渠道。病毒随商队从东往西、从西往东这样在丝绸之路上来回流转，或者跟着大军作战和大部落的移动传播。

瘟疫的传播途径还有一条，就是海港。沿海路从中国南部、东南部进来了以后，病毒就跟着人口本来就密集的商路和港口传播，而且传播得很快。瘟疫造成人口大量的死亡，生者大规模的外逃。活人逃亡、死者未葬，造成了偏远地区的卫生环境进一步恶化，因为尸首、病人暴露在外，病源就很容易留下来。

靖康之变以后一百年间，从金人侵入一直到元人夺得金人的首都，一直到蒙古军队征服南方又征服西边，瘟疫的传播，也同蒙古大军、宋朝抵抗军队的移动都有关系。军队的移动本身很快，很多士兵不是死在疆场上，而是死在病床上。往往一万人出去，过了没多久都死光了。这个耗损相当巨大，留下的灾害更长久，因为病菌也留下来了。整体而言，十三世纪辽金元几次跟宋朝的冲突，尤其是蒙古的东西征讨对中原干旱地区的瘟疫传播起到了推波助澜的作用。连蒙古大汗蒙哥都因为感染瘟疫死于军中。当时军队里的死亡率实际上非常惊人，往往达到了90%，甚至更

多。蒙古大军攻打四川的时候，四川人口减少了90%。进攻者
和本土居民双方都产生了如此重大的伤亡，这是战争跟瘟疫共生
造成的。

伤寒和鼠疫这两种形态的瘟疫，一个是在本土形成的，主要
沿南北方向传播；一个是外来的，主要是沿东西方向传播。一个
诞生于潮湿地区的脏水里、借由蚊虫传播；一个依赖于干旱地区
的动物——沙漠里面的老鼠作为传播源。这两种瘟疫产生的影响
都旷日持久。一百多年间同一种瘟疫反复不断，实际上是一个病
源的扩散和延续。

国家之间的战争、国家内部政权的转换，都伴随着征服战争
与武装冲突，这里面因为疾病产生的伤亡往往多于战争。可以说，
瘟疫从一开始出现就具有它的社会性和政治性。社会性是因为疾
病的爆发，人类原来的聚落可能完全被掀翻；政治性是国家本来
稳定的秩序因为瘟疫可以整个被倒过来，甚至导致灭国。

辽金元一连串的少数民族进入中原，到最后成立了大的蒙古
帝国。为什么蒙古帝国不能够在南方长期生存下去？蒙古军队本
身因为战争和瘟疫损耗巨大，到后来只能勉强在北边维持北元政
权而已。到了明朝，南北的瘟疫混合在一起，连成大片大片的疫
区。蒙古从中原退出去，跟这也有关系。因为蒙古人一路在北方
感染了很多瘟疫，觉得无法抵抗朱元璋的部队。因为瘟疫传播的
缘故，对于北方来的仇人、敌人，南方人更是坚决不让他们进来。
元朝末年整个中国的二元制国体，就是南北对立的国体和瘟疫割
裂下的国体。

疫情的爆发，助长了时代长期的不安

除了政治社会层面，我们再回到另外一个问题：疾病对于个体生命究竟还有什么其他影响？我个人觉得，有一个影响就是疾病导致的长时间的恐惧、惊慌和不安宁，使人们的生活作息受到了影响。很多人离开家逃亡，逃到安全区域甚至山里边去。这种不安定、亲友故旧连连死亡的消息，以及满城都是棺椁的那种惨状，使大家会对于自己正在参与建立的世界，难免产生怀疑："是不是有另外一个方式来组织人类的社会？能不能在这种大灾难之中寻找到未来发展的踪迹？"具有信仰的人会真诚地告诉别人说："你相信的事情不够用了。"东汉末年是佛教输入中国最集中的时候。

蒙古时代迁入中国最多的是信奉伊斯兰教的人口，随之而来的还有朴素的"再生"观念。所以到后来基督教进来，就很容易在北方被接受。元明两代，中国民间宗教发生了重大的变化。最大的后果就是明教及其以后的白莲教在民间扎根，秉持这种信仰的人为数众多。今天中国民间宗教信仰里面，有很大一部分是当年明教信仰的遗存。这种思想不断在寻找新的影响，寻找新的安身立命之所。来自民间的信仰塑造了他们所属的底层文化，这种文化与上层截然不同。

这次全球性的大疫情，美国国内的情况我可以预料——在这段时期，宗教活动一定会加强。也许是属灵教派有更大的影响，也许是有其他新的宗教传入民间。这都是经济因素以外的底层变化。当然最大的一个问题是，老百姓如果对政府不信任，就会造成内乱、产生推翻政府的想法，这个后果就是革命和改朝换代。所以瘟疫造成了思想上极大的冲击，而不仅是经济上极大的冲击。

我们目前正身处大型疫情的打击之中，其全球性的广泛传播出乎意料。全世界各地对疫情控制管束的能力水平不一。最令人诧异的是，本来应该最有效率的美国表现得最差，几乎到了手忙脚乱的地步。美国拥有的医药资源、卫生条件，都不应该造成这么大的灾害。也许这个疫情的发生，助长了这个时代原本存在的长期不安。

二战以后到现在，美国人悄悄地在发生转变。有一部分人检讨自己国内的情况，对内部制度、对外关系都有做检讨做反思；有一些人遇到灾害则不是采用这样的方式。比如特朗普总统，行为鲁莽，做事嚣张。他把美国原有的管理机制打翻了，打翻以后我们没法再很顺利地重建人和人之间、政府与人民之间的信心，这个是极大的人为灾害。

```
｜ 问 ｜ 道 ｜
      ＋
｜ 许 ｜ 先 ｜ 生 ｜
```

薛澜，高山书院校董会主席，清华大学苏世民书院院长

薛澜：从一个历史学家的角度看，新冠疫情对人类社会的教训是什么？对中华民族的教训是什么？

许倬云：此次疫情在全球几乎同步发生，这在人类历史上是第一次。以前常常是甲地已经死了几十万人，乙地的人还不知道消息，并没有感觉到死亡疾病的威胁。

这次疫情一爆发，全世界几乎立刻被告知有大的疫情正在流行。而且中国武汉地区史无前例地采取封城措施，一千多万人口被封闭在城市里面，以此隔绝瘟疫、减少损害，进而控制灾区内部局面，设法治疗感染者。

这种针对疫情的大规模治疗过去就有。而几乎在瘟疫爆发的开始，政府马上就组织人力、资源进行大规模的治疗，中国创造了历史。若非中国多少年来积累的对数亿人口的治理经验，很难立刻就对一个大城市进行坚决而有效的封城，这是史无前例的。武汉疫情发生后，全国各地立刻投入力量支持他们，并在几天内就新建了专门的医院，以及改建"方舱医院"。为了控制瘟疫临时增加医院，这在美欧历史上都发生过。面对这种规模的瘟疫流

行，把军队的野战医院移过来应对瘟疫在欧美也是通例——中国也曾把军方医院调动作为民用，但从没有如此空前规模。

美国是世界第一富有的国家，有充沛的资源，有全世界最多的医院、医生比例和研究单位。但疫情发生之后，仍然反应迟缓，呈现近乎失控的情形。我们要检视一下美国失控的原因。美国完全可以做到很好地控制疫情，他们有充足的医学专家，美国最好的传染病专家福奇也已经进驻白宫做参谋。但特朗普总统不相信科学，只相信自己的谎言。他不断地撒谎、不断地误导大家，若清查他的公众发言，不知道里头有多少误解、荒谬和谎言。

医院、医生以及正规管道传出的专业性消息，被总统一句话就否定掉。这样一来，美国全国各州防治疾病的步调不一致，老百姓得到的讯息很多是对冲的。今天美国没办法整体控制住疫情，甚至连全国性的数据都不能及时统计。过去这种大规模事件，一小时内全国的统计单位都会介入；这次，很多统计单位无法介入，所以不知道哪个数据可以相信。这使得美国整体的防治工作失控，灾害不断地在加剧。按人口比例，美国的病例数以及治疗情形等指标在各国当中都是很差的。

对比中美两个国家的处理方式，正好配合下一讲（《中美争端下的世界格局》）讨论美国与中国之间的敌视。特朗普一定要给中国找麻烦，否定中国做的事情，搬起石头砸自己的脚。一个不正常的领袖，他会刻意淡化甚至否定灾难的严重性。但有组织、能管理的国家，如德国很快就进入了防疫状态，掌握了治疗疾病、防止疾病扩散的方法。相比之下，英国、西班牙和法国差很远。

俄国内部疫情发展到什么状态，目前还不知道。

　　通过这几个对比，我们可以看到，管理方式、管理规模和管理经验都对一个国家防治大型灾害的能力、经验和效果有极大的影响。

　　余新忠，南开大学历史学院教授，医学社会史专家

　　余新忠：纵观人类的瘟疫史，严重瘟疫的流行对不同地区和民族产生了非常不一样的后果。比如，欧洲的黑死病在给欧洲人口造成结构性打击的同时促成了科学和理性的兴起，美洲的天花在带走近三分之一的美洲土著人口的同时导致了印第安文明的最终衰微。

　　而在中国历史上，一方面瘟疫造成的损伤要小得多，另一方面似乎也没有对中国历史造成趋向性的影响。您觉得这之间的差异是怎样造成的？

　　许倬云：假如我们选两个极端——欧洲和中国——做对比的话，二者之间是有差别的，但是中间型也很多。中东地区、印度地区以及后来的大西洋、印度洋地区，历史上的瘟疫，都是远途过路的客人、商贩，尤其是过路的大部落进军作战，造成迅速而大规模的瘟疫扩散。欧洲一端跟亚洲、中国这一端，没有中间那些过路客带来的灾害那么严重。欧洲大规模的瘟疫流行导致大量人口的损失。在中国则不单是一次性的人口损失，瘟疫所造成的后果也一般会延续很久，往往还会伴随着二次灾害，

就算换了种疾病也一样是灾难。

比如，赤壁之战前后的那次大灾疫，造成的后果是在淮河到汉水这条线上（孙权、刘备和曹操对抗的战场），那条线两边的人口几乎轮换过。本来的人口被瘟疫赶走了或者死掉了，作战部队调到那里去填空、开垦，空缺的土地反而变成了曹操最大的粮食供应地和军队训练地。这种情况在欧洲历史上很少见到。

东汉末年以后，整个中国的人口因为中原东端的大瘟疫，引发了人口大规模地移动：北方民族从草原两端进入中原，南方人口则从江南平原向海岸线和西南角进发。这种大规模的人口移动，对中国而言，正面价值和负面价值都有。假如没有大瘟疫造成人口的损害、损伤，把地空出来，就很难有那么大规模的空地去接纳新的人口。灾害对中国的影响极为巨大，要从历史本身的情况来做判断，冷静、长远的判断。

欧洲没有那么大批的人口来补充它的人口损失，所以导致了由于劳力不足而造成的近代工业化，这是影响的另外一方面。疫病造成的人口减少的情况在北美也很严重，印第安人从几千万人变成了今天很小的一部分。加勒比海、印度洋那边过路商队的船只及海军带去的天花，不仅极大损害了美洲的土著，也让印度洋许多小岛屿都变成了无人岛。

天花进来以后，中国人很快就自己发明了防治天花的种种办法。这一点很奇怪，中国发生了从来没有过的群体免疫现象，别处都没做到。瘟疫对中国历史还有其他很大的影响，比如辽金元三代，契丹、女真、蒙古进入中原。这三代的转换，从靖康之变一直到忽必烈登基统治中国（蒙古大帝国群里面的中国的部分）。这几十年中间不仅是有胡人进来中原慢慢落户生根，还有很多汉人被"胡化"。胡人变汉，汉人变胡，两边变来变去，这种影响是相互的。

最近一百年来，从鸦片战争算起几乎是二百年，假如按照古人的标准看，我们的服装已经"胡化"了，大学学问里面80%是外国人的。大的战争灾难最终带来的不仅是人种的混杂，也有文化的交流、混杂，到后来分不清谁是他谁是我，这就要求学者自己要谨慎。

民族和文化是两个事情，而个人的选择是另外的事情，不能一概而论。大的时代的影响，历史长河里面惊涛骇浪：哪些被洪水洗掉，哪些在浪端翻花，哪些冲上岸去，哪些前浪死在沙滩上，多得很。所以，对历史的判断我们要存一分原谅之心。

易中天，学者、作家、教育家

易中天：我们知道，建安十三年（208年）冬，曹操由江陵顺江而下，在途中感染时疫，结果兵败赤壁，历史因此改写。建安二十二年（217年）又爆发大瘟疫，不知对历史的影响如何？

许倬云：建安十三年（208年），赤壁之战前后已经有瘟疫发生了。这次东汉晚期的瘟疫，持续了三十年之久。大疫之后，死者未葬，伤者未起，地方秩序不好，农业破坏，就有新的瘟疫再次出现。这几十年间瘟疫基本一直存在，最大的后果是人口分布的转变，而人口分布的转变与国家的分裂有关。这期间整个汉朝的秩序都被破坏了。

汉朝的秩序是建构在一个看得见的"道路网"上，从东到西、从南到北。在这个网格上，商品、人才和信息的流动经过金字塔顶的城市向塔底的农村和社区延伸。财富、人的能力、知识、信息，都在这个"道路网和金字塔"的结构上集散与流通。

东汉发生了好几次瘟疫，比它更早一点的瘟疫是从西亚传过来的黑死病，死人无数。赤壁之战前后瘟疫的后果，是大规模的人口迁移。本来人口集中、人才旺盛的豫州、益州、青州、徐州这一带，受灾之后大量人口死亡，导致很多城市变成空城。曹操在赤壁之战以后，不仅在此安置大量被他招降的黄巾军，也引进东北跟北方（内蒙古坝上）的人口到那里去垦田。已经被废弃的一大块中心地带重新变成军垦的地方，数百万人在那里。由此这一带成为曹操的根据地，也就是后来司马家族最大根据地，凭借这一实力，开创了晋代。

南面是抵抗曹操的东吴，它的兵员在今天的江苏、浙江、安徽淮南等地。由于兵员不够用，便四处搜兵收俘。诸葛亮的侄子诸葛恪在东吴执掌兵权，把洞庭湖、鄱阳湖湖区四周的山越（住在山里的越人的后代）搜出来，成为编户齐民。一部分人替他种田，一部分人被挑出来做士兵。约有上百万人全都聚集在曹操屯垦区的南边，淮河沿线上。

这几十年间，中国人口的分布变化极大，原本统一的国家大致被分割成三块。诸葛亮在《后出师表》里提到的损失的兵员和将领的名字和族名，区域分布涵盖了今天整个云贵、川南、川北，一直到河西丝道（就是甘肃）。换句话说，那些本来不参与中原争霸的人口，都被拖到战场上来了。

在司马家与诸葛亮对抗的过程中，瘟疫发生的次数不多，范围也有限。但是诸葛亮向南开拔的过程中经历了很多瘟疫，因为南方的瘟疫很多，疟疾、血吸虫病都有。连年战争、瘟疫肆虐之下，虽然土地被屯垦成有用的田地，但人口还是持续不断地受到损失，大批的胡人从东北、东面、北方三个方向进来。与此同时，欧洲也面临同样的蛮族大入侵局面，东西两边几乎同步进行。

瘟疫在人间从来没断过。

梁冬，正安康健创始人，生命通识学院创办人

梁冬： 现在中美两国人民都可以观察到一种普遍的受害者情结，都觉得自己是受害者。这样的对抗对于两国人民可能都会带来很大的不利，但我们作为普通人个体对此又无能为力。请问，在这样的一种对抗中，一个普通中国人应该如何自处呢？

许倬云： 中美之间的冲突与瘟疫的关系很小。我最近常常讲到，霸权不允许挑战者的存在。用中国人的话说就是："卧榻之

侧岂容他人酣睡?"第二号的挑战者出现并迅速崛起,常常是第一号忍受不了的。

第一次世界大战,美国出兵救援英国;第二次世界大战,美国再次出兵救援英国。两次出兵形成了美国在军事上、政治上的绝对霸权。更重要的是,形成了一百年来美国更可观的经济霸权。

在 1990 年左右,美国用经济手段把日本兴起的新经济活活掐死了,造成此后日本近三十年的不景气。这是很显著的例子,而且对美国而言,经济霸权比政治霸权更重要。美国的目的很明确,就是要把第二号的挑战者去掉,这个挑战者不是战场上的,而是经济场合上的挑战者。中国已经变成了世界性的市场,并且让亿万人口脱贫,这是很了不起的成绩。中国的经济崛起迅速,几乎史无前例,美国心里不服。

特朗普的歪曲心理就是 "America First"("美国优先")、"Make America Great Again"("让美国再次伟大")。这些我们理解,但是建立霸权,是要付出代价的。美国付出的代价是什么呢? 二三十年来,打了十六七次战争,主要是与中东的战争,但是一无所获。

而且,美国始终在追寻更好的、更多的武器,这个负担极重。几万架军用飞机停在沙漠里,出了厂就停在这里;几千条舰船停在港里,造好了还没有配上武装;更不用说以千计的核弹库存,以及上万枚投送核弹的远程导弹。这个负担多大? 如果这部分钱省下来,美国不会穷。

美国对外贸易是顺差变成逆差,特朗普就把这笔账挂在中国头上，说"你在剥削我们"。公道一点讲，他忘了西方剥削全世界四百年。但他不会算这笔账，他非要把中国搞垮不可。但要做到这一点也不容易，中国今天已经是很大的经济体了，而且还是全世界市场。美国如果退出 WHO、联合国等，也就意味着美国二三百年的成就，在这样的时候一笔勾销。若是这真的成为现实，是非常可惜的事情。

我个人也盼望，中国在急剧上升的阶段要理解到：最近二十年来，中国急剧、大规模的上升是付了本钱的，付出了一去不复返的资源。这笔账不能以"自豪"跟"骄傲"来抵充，中国光辉灿烂上升的背后，是资源环境消耗预付的代价。

王高飞，高山书院 2019 级学员、微博 CEO

王高飞：科技公司一直是在社会背后的工具性力量。随着互联网普及和科技普及，互联网社区出现了，这些社区在全球范围内都是跨越国家的，例如 Facebook、Youtube、TikTok。

历史上首次科技型的公司在跨越国家层面成为一种文化现象，这有什么意义？同时，快节奏的科技企业和历史的长时段有什么样的关联？现在 Facebook 和 Youtube 这种互联网企业与国家政府之间的关系，有人说像中世纪的教会和国家的关系。您怎么看？

许倬云：科技，尤其今天的科技企业，无论对长时段的历史还是短时段的个人，科技影响无所不在，我们每个人都被改造了。就像今天，在 Zoom 上面我们几十人来自不同地方，但我们能聚会在网上这么谈话，在以前是没可能的。

政治每天会改变，但政治制度可以长期存在。政客改变政治，选举的过程中，多少选举权、多少意见发挥的权利在选举中间被支配了？不知道，这是短期的。更长期的是经济交换，每天人们生活得怎么样，生活资源是怎么来的？如何改善资源，人类才能生存长久一点？

更重要的是文化，各种文化中和在一块潜移默化，整个世界的文化正在迅速地改变。文化和文化之间的桥梁正在建构，但文化与文化之间几千年、上万年的隔阂跟取向不一样，造成了选择方向不一样。

但是不同的文化在今天被逼迫着要互相接触，要走向彼此交换，走向相互理解，走向融合。这条路最难走，但是依旧要走顺畅。这条路走不顺畅，就会引起摩擦乃至你死我活的争斗；如果能走顺畅，就是你中有我，我中有你。可以是仇人，可以是爱人，就看我们如何处理了。

随着经济的全球化，文化与文化之间的间隔确实也在逐渐减少。一个正在变动的世界是没有权威存在的。你刚才讲的教会、支配者，没有一个支配者愿意放弃支配的权利。但是今天讯息这么普及、经济力量如此强大，任何支配者都没有办法说"我的支配力量永远在我手里"。因为人的脑子是活的。人的脑子是活的，但同时也是死的。每个人接受的讯息、意见不一样,消化程度也不一样。怎么样把差异和分歧综合起来,去找更多的共同的理想?这是值得思考的问题。我们都知道,理想很难找到。

过去我们把空间叫作场,第一空间是点,第二空间是线,第三空间是立体性。假如没有拓扑结构,基因的结构图就画不出来;假如没有复杂的空间想法,多维空间、N 次空间的安排就没有办法处理。

面对宇宙我们怎么去理解?空间与空间怎么折叠,怎么卷缩,又怎么扭曲?不同空间相碰的时候,扭曲、纠缠到没有办法用简单的几何学去解决,必须要从多样变化的空间的角度去想。多样变化空间,其复杂的程度可以追寻到无限大。

知识越丰富,我们其实应该越谦卑。但大多数人包括特朗普都不会这么想。今天,我们对知识有尊敬,但我们理解知识也有限度。知识里面一大半是经常不断改变的,最多的是历史知识的改变。每一次反省昨天,意义都不太一样。

文厨,高山书院创办人兼校长

文厨:您在《万古江河》里写到,"黄河是黄色的,是艰苦的;长江是绿色的,是快乐的"。我最近做了个"问长江"的公益项目,习近平总书记在 2005 年就提出"绿水青山就是金山银山",如今,国家要进行长江大保护。您对环保方面有什么建议?

许倬云：对长江我是非常熟悉的。我生在厦门，祖籍是江南无锡，抗战期间一直随父亲在湖北、四川打转，尤其是在武汉到宜昌，洞庭湖和长江相逢的一段。长江三峡我走过四、五次，不是自愿走的，是日本人一打过来我们就撤。

长江非常重要，也非常特殊。三峡上面两边把守长江的是大巴山和秦岭，尤其在秦岭这边有很多石灰岩。秦岭跟大巴山中间有很长的汉中盆地，有非常狭窄的古道。在贵州、湖北、湖南那一带也是石灰岩，石灰岩可以产生透天洞，就是溶化之后产生的溶洞，有的大得可以摆进一个聚落。长江大坝如果出问题，那就不是小事。仅以这些石灰岩夹层，万一溶解而致江水大量溢漏，进入汉水峡谷，冲进鄂北、豫西，那就不是小事了。

埃及的阿斯旺大坝建成后由于泥沙沉积问题不但废掉了，下游本来肥沃的尼罗河平原也变得没有用处了，而尼罗河的灌溉曾支撑了古代埃及的发展。这种顾虑，但愿只是杞人之忧。

第二讲

中美争端下的

世界格局

疫情过去以后，中美之间经济上的竞争会继续进行，经济上的竞争会牵扯到大国地位的竞争。

最近全球都受疫情的影响，每一个地方的人都人心惶惶。停课、停工、停业，使大家生活受到极大的影响。人人都戴口罩，在街面上不敢接触，在家里也不敢轻易出门。这种情况使我们想到基督教《圣经》上《启示录》所说四骑士：饥饿、战争、瘟疫、死亡。这四个骑士来了以后就带来毁灭，《启示录》上也说明了是世界性的大火、天灾、洪水、地震等毁灭性的大灾害。接下来就是世界末日到了。这四骑士叫"rider"，预告世界走向末日，要等羔羊象征的和平的到来。

基督教《圣经》的这种记载，是根据犹太教世界末日的预言继承下来的。其实是犹太教的先驱以及后来的教士们，他们预告说我们的人类社会进入一个好的阶段，接下来盛极而衰，就要经历一段灾难了——而且是一连串各种灾难同时到达。经历过灾难中的反省，人类社会又能往前进步。

瘟疫带来的，是毁灭临近的压迫感

确实，我们最近这几个月来都受疫情影响，全球各地的疫情报告天天列了表送到我们眼前。大家日常生活之中，人与人不再自由接触。商店关门、学校停课，工作单位允许工作人员在家里用远程的通信设备，在网上上班。甚至医生看病，都是在网上问诊处方。

这种情况确实给我们造成前所未有的压迫感，一种毁灭临近到眼前的压迫感。信不信基督教无所谓，因为这个规模的疫情，因为每日每夜、时刻不能逃离的压迫感，使人们的紧张程度极为严重，不复原来的轻松自由。

让我回头想想抗战时期的生活，因为日本军人的入侵，我们在内地各处不断迁徙、不断逃亡，那就是我对战争的印象。逃亡途中，就有人死亡。抗战前后的中国都有瘟疫，但是在战后蔓延更广，因为伤者未起、死者未葬。

我们有一次逃难途中，随着大队的难民路过一个村落，人烟稀少。只有一个老太太在一个房子里，就跟我们说：你们自己想要过日子吗？我是村子里最后一个人了。你们不能随便喝水，我们都因为喝了水患了瘟疫，现在全村都死光了。我们这些逃避战争的人，都必须在村子外面的空旷地带扎营休息一夜，也不敢喝当地的水。只能想办法从藤条吸出水液，从宽叶里面咬出水汁解渴。这就可以想象，瘟疫本身造成的影响，居然能让一个村子的人死绝。第二天早上起来，我们看见老太太已经死了。我们没法替她埋葬尸体，只能朝她老人家致敬——我们也是自顾不暇，没办法照顾你了。

这种瘟疫留下的印象、被死亡毁灭的印象，是我的亲身经历，那种恐惧感比今天大很多。在今天，我们只是感受到的疫情导致的出行不便以及媒体报道引起的恐慌，种种压迫感被深深地刻在你的心里、记忆之中。可是真正的无所投靠的情况下，眼看着一个村子的人相继死亡，只剩一个老太太无望之中的希望，那种压

因为日本军人的入侵，使得中国出现了大批的战争
难民。图为日本人荻岛静夫拍摄的中国难民照片。

迫感跟我们今天面临报道所感受到的程度完全不一样。

　　瘟疫是很奇怪的事情，它造成的死亡并不是很快的，而是有一个渐进的过程。最严重的黑死病，也不是说几千万人染病后在几天内就会死光。黑死病的死亡率很高的，但它也是要从病源地传到别处，一处一处、一城一城地毁灭人类。黑死病的传播有时候还是人为的。像蒙古军队往西攻击，对那些不肯投降的抵抗者，会拿已经死亡的尸首抛到城里去，将死亡的细菌全部放到城里。这些城里的人口很快染上瘟疫，整个城市的人口都死光，他们再驻扎进去。蒙古军队同样受到瘟疫的影响，死了很多士兵。如同今天的美国政府管控不力，这种人为行动加速扩大了疫情造成的死亡阴影，压在我们心上。

为什么美国疫情如此严重？

　　今天我们谈到瘟疫，常常有人叹息着中世纪的瘟疫，也就是十九世纪跨到二十世纪之间的世界性瘟疫。今天我们看全世界各地的灾难曝光，确实非常同情。平心而论，今天疫情暴发的情况和历史上相比，我们无疑是幸运者：我们能及时得到消息，有治愈的可能，能做更多的隔离与防护措施，可以减少生病，所以今天我们幸运多了。

　　我们分析今天的社会，今天的大社会是"interact"，是各种共同体互相连锁在一起。共同体中的一部分，比如说一个城市发生灾难，或者一个地区发生灾难，经过传播、隔离，它们之间互相联系、支持也可以，置身事外也可以，有着种种不同反应。

互相照应的时候，会面临忽然让大家禁足的情况。就像中国的武汉，将城市封闭起来，封城的确减少了传播的效应。封城消息一来，我们的日常生活受到了干扰。这等于两个系统、两个共同体撞击在一起，两种不同的压力、吸引力的搅乱，造成新的混乱，在波峰波底之间来回震荡。今天借用量子力学来分析，以量子挣扎、量子扰乱（quantum mechanics entanglement）来看，当今社会信息流通很快、数量也很大。这种不同社区、不同共同体之间互相的纠缠，让信息回馈更加及时、频密的同时，也造成许多的困扰和混乱。

但今天的疫情为什么在美国这个全世界最富有，医院、医护人员密度最高，医护设备也是最好的地区大规模爆发？为什么瘟疫在美国发生以后，居然有口罩不足、通风器材不足、检验设备不足等问题呢？美国对疫情的反应之所以不如任何其他国家，之所以病毒在美国传播率是全球最高，瘟疫感染总人数也是全世界最高，这就牵扯到人为问题了。

特朗普最重要的政治目标就是可以再度当选，他的自我中心、自我膨胀造成了许多问题。他对于灾害的防控、相关资源的调动，都没有好好安排。美国等于没有一个统一政府主导，本来各处应该互相协助、互相帮忙，最后反而变成了各部门互相牵制、互相抵制，种种现实才造成如今美国极为奇怪的现象。最现代化、信息最能够迅速流通的美国，在全世界应付疫情的特殊情况之下，居然表现得如此之差。疫情导致国家政治机器停摆，导致政府该做的事情没做，各部门还互相纠缠、指责。

中美争端的现实情况

再下面又牵扯到一个问题，跟现在的经济有关。最近二十年，美国经历了两次经济大恐慌。2001年的"安然事件"，是一个大型投资集团安然公司做假账，人为制造许多虚假的增长，也造成许多亏空。这种假消息扰乱了市场，种种内幕被揭露以后，一时之间美国的经济几乎崩溃。另一次是2007年美国爆发了"次贷危机"。虚假的信用被使用、反复抵押，包裹为内容不实的抵押品，实际情况与表象之间形成巨大的落差。这种泡沫被戳破，形成了从美国开始，波及全球的经济大恐慌。

现在我们正在面对的，也是一个不好的政治领导者领导了美国的现实。对于正在大变化的全球经济，特朗普不仅忘掉了应该做的事情，还忽视了全球的趋势、全球化的流通，看不到区域之间互通有无的需求。这种全球互通的情况可以使资源的流转加快，资金的周转也加快，工作机会多出数倍，可以使全球共存共荣。但是，特朗普居然倒过来说美国吃亏了，通过提高关税来限制经济的流动，通过加收关税"收回美国该得到的钱"。美国这么大的经济体要跟其他的经济体对着玩，他就毁掉了这个经济体。

举例来讲，日本在1990年左右曾经是世界上非常强大的一个经济体。日本的店家在各处都能看见，日本的产品、日本的汽车满街奔驰。日本的产品，有品质，价格又低廉。但是美国不能容忍这种情况存在，因为日本经济的扩张威胁到美国经济霸主的地位。美国人花了三十年的时间，把日本的经济打垮掉了。就拿信用贷款压榨日本实际货币来说，不允许日本利用美国的金融机构来资助日本的上市企业，实现经济持续增长的目标。

全球一体化、经济共同化里，以全球共同市场以及区域经济合作、免税体系这两个观念来说，现在的美国把这两个已经建制得颇有成效的制度和合作模式都废掉了，以至信息都不许自由流通。美国想退出世界卫生组织，他不愿意把自己的信息跟大家分享，他也看不起别人给他的信息。这是美国政府的无理取闹，不同经济体之间本来可以顺畅地互动、合作、共赢，却变成错误又荒谬的纠缠，这是非常可惜的事情。因此疫情影响了全球经济的共同体，另外一个客体也跟它相关——中美要走经济上的争斗之战。

这几年来，中国经济崛起已然是现实。美国做惯了霸主，忽然中国开始高速发展，威胁到美国第一位的位置。我们看过去世界的历史，比如希腊城邦争霸的时候，霸主不容许第二号强国出现挑战他们。西方历史上一个强国嫉妒后来的挑战者，一定要想方设法把第二号强国打下去——希腊消灭了来自边缘地区的挑战者，罗马毁掉了旁边的迦太基。希腊城邦没有想到的是，当自己建立希腊帝国的时候，边缘不是城邦的那些部落起来了，马其顿起来了。以至于后来，教会的组织笼罩全球的时候，各种蛮族入侵后被基督教收编，同样是因为一个霸主不允许第二个霸主出现。这都是过去频频发生的常例。

法国强大的时候要把英国拉下来，英国强大的时候把西班牙的海军打败。德国强大的时候，西方、西欧的集团要把它打垮掉。神圣罗马帝国是一个空洞洞的中欧集团的组织，并不能调解这种互相冲击的列国体制。列国体制中的第二号向来与第一号之间互不兼容。

美国从英国手上夺下来这个霸主地位，是两次世界大战的后果。英国遭遇危险，两次都得到了美国的帮助。虽然英国最终得到胜利，将日耳曼民族的霸主权全部夺过来；但三百年建立起的大英帝国霸权、曾经日不落帝国的荣耀，也必须让给美国。

美国经济霸权的建立，第一步是否定了欧洲货币的地位；第二步是建立了黄金货币标准——金本位；第三步是取消金本位，变为一篮子货币做标准的合作制度。终于，美国把美元变成世界货币的标准，这是美国世界经济制度成为霸权的很重要的表现。美国力量受到外部挑战的时候，它必须将挑战者打下去。德国、法国以欧盟的方式被绑在欧洲不能动，日本也被打下去了。现在美国认为必须将中国打下来，这完全是一个长期独霸的状态。

美国做庄家，却不愿意担起领导者的责任。中国人讲“头人”要任劳任怨，结果美国做“头人”却是“你们劳苦，我得地位”。这是独霸的思想，没办法长期维持下去。疫情过去以后，中美之间经济上的争斗会继续进行。

于是，中国和美国之间的冲突又超越了经济制度、经济发展延伸到所谓的意识形态、组织方式，延伸到所谓各国的立国信仰上去。为什么一个国家的立国信仰另外一个国家需要模仿它呢？

两次世界大战，英国遭遇危险的时候都得到了美国的帮助。但三百年建立起的大英帝国霸权、曾经日不落帝国的荣耀，也必须让给美国。图为二战后期，"三巨头"斯大林、罗斯福与丘吉尔。

甚至认为自己的信仰就是"最好的支柱"呢？"最好的支柱"永远是不断变动调整的，没有一个"普世的""最好的支柱"永久存在。为什么不能是大家慢慢摸索，共同找寻适合于自己——也是未来发展可能性之一的支柱，然后一起合作呢？这是美国的霸权思想造成的结果，他们不能容忍不一样的思想、制度存在。

疫情在全球爆发的今天，《圣经》中代表死亡和毁灭的骑士正在我们面前晃来晃去。这个后果使我觉得，不管世界经济能不能真的实现一体化，信息的流通对于大家而言已然休戚相关。面对这场全球性的灾难，大家离不开彼此的扶持。世界永远在变化，永远不变的是"变化"本身。中国的《易经》说："易者，易也，不易也。""改变"是"最不会改变"的现象，我们必须一路尝试摸索。

带头的国家必须要付出若干代价，也必须站出来承担责任，这是无法逃避的大责任。要让老二、老三服从你，老大就要任劳任怨，要担起责任、要担起负担。不幸的是，在美国这个经济大帝国也是政治大帝国里，由于政治力量、军事力量撑住了它的经济结构，它不能明白、接受"变化"的道理和现实。这个"唯一"的霸主如果不能够知道、理解地球是"转"的——人在转、地球在转、信息也在转，就不容易处理不断到来的挑战。而世界走到今天，还是就这么大一个世界，我们目前没有办法用到地球以外的资源作为我们求生的资本。没做到以前，我们最好的办法就是互相合作、互相共存。这个讯息我希望我们中国人也了解。

就是说我们做好自己的事情，我不勉强你，但是你也不能把你的原则强加在其他国家之上。各个国家容忍彼此的差异互相包容，这才是世界共存之道。

问　道
＋
许　先　生

吴国盛，高山书院校董，清华大学教授、科学史系主任

吴国盛：许先生好，我们现在在内蒙古明安图，这个地方是以清代蒙古族天文学家的名字来命名的。现在中国科学院在这个地方建了太阳观测站，这次高山书院 2020 级的新生在这个观测站进行了开学典礼，今天有三十多人参加。

我想问您的问题是，中国民间高涨的反美情绪固然有信息不全或信息过滤以及多方面的因素，是否也有中国传统文化方面的原因？中国传统的"天下"观是否在其中发挥了很大的作用？

许倬云：我对高山书院这种办学、授课的方法很欣赏、很佩服。多元化、多场景的教育使得学习者本身不限于学生、老师、校外人士、社会人士，可以彼此互相学习，这是好现象、好习惯，希望继续发扬光大，促使中国出现一批以终身学习为志趣的人。

关于中国国内高涨的反美情绪，我个人的观察是：因为美国自身的质变造成了后面中国人对美国态度的变化，这个因素的影响更大；当然，中国内部也有一些原因。

　　我在美国居住多年，已经变成美国的一部分。我所看见的美国这些年来的变化，与其他同时代在美国内外的学者所观察到的现象，大家都多多少少有同感。

　　美国的变化是什么呢？外交政策方面，它刚刚立国的时候是殖民地，一切都往欧洲看；过了差不多一百年左右，开始有自己的文化和作风，基本上可以满足自己的需求。这个时候欧洲运过来的物品是高档的物品，于欧洲而言，美洲是边远地区。

　　一战以后，美国介入并终止了部分欧洲的战争，美国变成欧洲的救星。约翰·约瑟夫·潘兴将军带去的口号是："欧洲人，我们回来了！欧洲是我们文化的母亲、源头，我们来回报欧洲了。"第二次世界大战，艾森豪威尔带领百万大军横扫欧洲，决定性地把德国打败了。冷战时期欧洲分裂后，美国与东欧的对抗，其实是拿欧洲的西半边与东欧对抗。那个时候的美国是趾高气扬的美国。我在美国六十年，看见美国从心态相当开放的国家，逐渐发展到特朗普提出的"美国特殊论""美国至上""美国第一"，这个变化让人很不能接受。

　　美国的质变在世界上所引起的反响，并不只是体现在中国人的反美情绪上，在欧洲、澳洲都有体现。尤其是日本人：他们认为"美国拿我们当殖民地"，这种状况日本人受不了。如此种种情况的出现，应该是美国的关系比较大。

　　中国的天下国家概念，并不是独自尊大，不是"我是第一"，中国的天下国家是逐步以同心圆为中心的扩散。就像历史上日本对中国文化的接受，特别彻底，中国并没有要求它降服，中国没想征服日本（除了元朝有过一次失败的尝试）。

封建社会时期中国对外部世界的态度是，"你在我的核心圈的外圈"。这个同心圆结构，第一圈是中原的本部，第二圈是各省，第三圈是边疆地区、国界之内的少数民族，第四圈、第五圈才是外国人的范围。中国没有对外的仇视，只有奇风异俗的观察视角，"他们是蛮夷之邦，习惯是如此，我们不必管他"。

但到明朝以后好像非管不可，于是开发西南边境少数民族地区的明朝官员，基本上每一个都有表现自己功劳和成绩的地方，到那里去宣扬中华文化。若是以传统的天下国家观念而论，这个其实过头了。王阳明这样一个心学大家，一个心胸非常开放自由的人，但他打起广西的瑶人，一点不手软，一点不儒家，杀得鸡飞狗跳，把几千人赶到山沟里去。那种现象，确实是到了过分自大自尊的地步时才会出现。

中央跟地方的距离，在中国每个地区都有阶段性的差别，而美国自始至终是自信满满。美国愈有钱愈被人家看不起。第一批看不起美国的是犹太人，第二批看不起美国的是德国人和法国人，第三批是藏着尾巴的英国人——英国人既看不起美国，又要依赖美国脱欧。英国人对美国是轻蔑的心态，澳洲人也是如此。

至于中国，在抗战以前，租界里说洋话的中国人是"天之骄子"，对一般的中国人是瞧不顺眼的。我们在上海租界以外，我是无锡人，无锡当地几乎每一家都是几百年连续不断地受教育，即使家境贫穷也受过教育。对讲洋话的、口口声声"我是洋行买办"的人，我们地方老家族看不起他们。相互看彼此不顺眼，他们看不起我们，我们看不起他们。

所以，中国和美国面对世界的态度、方式的差异，是中国文化和美国文化在实际发展中的差距。不是落差，而是时间表上跑得快和跑得慢之间的不同。

> 张双南，中国科学院高能物理研究所研究员，中国科学院大学教授，天宫二号空间实验室伽马暴偏振实验、"慧眼"天文卫星以及中国载人航天工程空间天文与天体物理领域专家组首席科学家
>
> **张双南：中美关系还能缓解吗？对中国来讲，中美关系最好的结果是什么？**

许倬云：我分两部分来说。美国对外国的态度，以二战为分界点。美国一边是大西洋，一边是太平洋，自己处于一个万全的形势。二战以前，美国认为"我们这个地方是没有敌人的"，"我爱管欧洲就管，不爱管就不管，对东方更如此"。

二战以后就不一样了。亚太地区两个大国，一个中国，一个日本，都有长期独立发展了几千年的文化。美国对这两个国家的文化是客客气气，"我不叫你野蛮人，我叫你异教徒，可贵的异教徒、值得尊敬的异教徒、可怜的异教徒"。"可怜"是指中国太穷了，日本太简朴了、心胸太狭窄了，所以"我救你们，帮你们"。

美国在中国设教会、办学校，不完全是文化侵略，它确实是基督徒传教精神之外，还有一点点怜悯的观念在里面。这个种子

种下去，一定有收获。果然，一百年内，中国人对美国人相当亲密、尊敬，尊敬到几乎是"媚外"的程度了。

美国后来为什么对中国这样？等到中国变成共产党执政，与苏联站在同一阵营的时候，对美国的资本主义是大的威胁，这时候中国就变成敌人了。就不再是"可尊敬的、可值得"帮助的异教徒了，变成"十字军的目标""异教徒""挑战基督自由生活的外人"。从这开始，美国对华的外交政策是以遏制为主体。

其实不仅共和党，民主党也一样。像特朗普今天在太平洋的挑战行为，希拉里每一桩都做过。现在特朗普对中东地区所做的乱七八糟的事情，美国以前都做过。这种"遏制"里面，又加入了一部分亨廷顿的"文明冲突论"。亨廷顿认为东方文化和西方文化各是各的，两边永远不交叉，永远是不一样的。"我们对东方人，你不要认为你可以懂得他。你不会懂得东方人，东方人微笑的后面高深莫测。"

到了福山这里，就提出了"历史的终结"这个判断。他认为美国的制度、文化是人类历史演变的终结，不能更好了。"历史的终结"不就是"历史的死亡"吗？以我来看，福山的这个提法是莫名其妙的糊涂话。

目前，身处这三个阶段之中，美国常常提到一个口号：不允许第二号挑战者存在。今天的情形不是老大不如老二的情节，是做买卖做不过他我就干掉他的意思。现在特朗普很以这种态度为是，即使两败俱伤，也无所悔。

我估计特朗普11月就完蛋。但特朗普下台以后，希拉里这批代表民主党的人也好不到哪里去。乔·拜登是老实人，什么都不会做，什么都不会说，看他旁边的人帮忙吧。卡玛拉·哈里斯这位印度裔女士也不简单，非常的激进。接下来美国怎么走，还难说。有一桩我是肯定的：美国内部的问题大于外部的问题，美国经济面临脱轨的风险。经济离开轨道，失去常态，这是内在的致命伤。

中美关系最好的结果是像世界史教材上的口号一样：各取所取，各尽所能，全球互通有无。欧洲内部曾经关闭的门已经打开，但是东欧和西欧永远在对抗，这是欧洲的致命伤。将来共同的世界可能是三角形的结构，欧洲、亚洲、美洲三条线，互相之间交叉来往，大家共存共荣。

许倬云
十日谈

CHO-YUN HSU'S
NEW
DECAMERON

第三讲

日渐衰败的

美国国家精神

美国要不要也走心灵上的自由，寻找心灵上的开放？

心灵上的安顿，比生产、生活上的安顿和舒适更为重要。

这是美国人最近一个大的难关和关口。

美国在整个发展过程之中，经历了各种精神状态或精神境界，进而形成了立国的根本条件和约束规则。在英国移民新到美国的时候，以"五月花号"为代表，他们是一群寻求新的自由、平等，希望摆脱旧日封建领主和天主教会约束的一群清教的教徒。

美国的立国思想，和延续至今的内部斗争

他们到达北美这片新的土地上，觉得可以与神直接沟通，不再受旧制社会的约束。可是在新的领土上，他们也要有一些依据来制定规则，这个依据就是要寻求自由和平等。自由，是不受约束的自由；平等，是人与人之间没有贵族、贫贱的界限——这种精神境界，我们称之为美国自由、民主的基本条件。

在这个阶段过去以后，建国阶段的美国是由十三个州组成。建国者内心所挣扎的是，新移民带来的自由精神，在茫无边界的新领土上要不要加以约束，要不要群体之间共同协定来决定国家的公共事务？这个协定，最后就呈现为十三州的联合政府，以及美利坚合众国的运行机制。合众国既然是建国先贤约定组建的方式，应该以什么为政策、法律依据呢？是以宪法为依据，最后争取的是人的自由和平等。

但这个时候出现的自由和平等又有新的意义了。"自

由"是指在国家政权之下，保留宪法约定的一些个人自由。政府是代表公权力，但是我们人民与公权力之间对等的条件是，委托公权力享有若干约束个体的权利，但不能把全部的个体自由都委托给政府。面对政府的时候，人民需要保有一定的自由。"平等"在理论上是指"在上帝面前人人平等"，但是在这个特殊的时空背景之下，美国认为到新的土地上来开发美洲的白人，他们是背负着上帝给他们的使命；他们的自由和平等，是信众在神面前的自由平等。所谓异教徒，在独神论的基督教信仰中，是没有平等也没有自由的；甚至于妇女也只享有局部的平等和自由。

此外，究竟是国家的权力大，还是个人的权力大？这个问题当时也没有说清楚。到今天，还是共和党和民主党两党之间争执的要点。共和党认为人民的权力大，民主党也同意人民的权力大，但认为人民共同缔造的公权力应该超越个人权力以上——根据法律的规定，人民的权力要受大众约定的一些约束。这是今天我们看到的自由主义和国家主义、公权主义之间，经常不断对抗的历史和思想背景。

等到美洲广大的土地上不断有新的移民进来的时候，这个开阔的天地有无穷无际可以让人开发的土地，有山林、河流、水利、矿产、黄金、石油。这时候，美国觉得开发这块土地是属于我们的责任。向西开发，寻求更多生活条件和资源，寻求更好的生活空间，是我们国家立国的精神——进取和奋斗。而进取的过程中，是独立的移民自己具有的理想，要在新的土地上尽我之力，缔造新的社会。这期间自我期许的精神是相当强烈的。

向西开发，寻求更多生活条件和资源，寻求更好的生活空间，是美国国家立国的精神——进取和奋斗。图为美国西部开发时的印第安人部落。

新工业发展的资源分配，是由雇主来决定，还是工人
也可以参与决定？这种观念上的分歧就产生了劳工和
工厂主之间的矛盾。同样，这个矛盾也存在于地主和
他土地上的劳工之间，或者是雇主和外籍劳工之间。
图为 1941 年，美国迪士尼大罢工。

随着美国人在美洲立下脚跟，力量很坚固了，全部的土地、矿产资源都慢慢开发出来。在南北战争以前出现了新的争论：既然我们缔造了政权，我们有没有权力反抗它？人民又面临着这种矛盾：国家的政权是神圣不可侵犯的，还是国家的政权可以被人民改造？这也是美国今天还继续存在的斗争。

美国劳资冲突有其思想背景，也在不断调适

美国经过工业化，从开拓农业资源走向了工业化的道路。很快美国就超过欧洲的母国，从经济制度到生产制度全面超越。在美国，新的工厂大规模出现，和欧洲的生产者竞争世界市场。在新的工厂里面，资本主义投资和资本家在创造新财富的过程中面临一些新问题：为新工业服务的工人，他们是雇员还是伙伴？工人是受雇主雇佣来生产商品，但他们的工资由谁来决定？是雇主来决定，还是工人也有权利决定？也就是说，新工业发展的资源分配，是由雇主来决定，还是工人也可以参与决定？这种观念上的分歧就产生了劳工和工厂主之间的矛盾。同样，这个矛盾也存在于地主和他土地上的劳工之间，或者是雇主和外籍劳工之间。他们之间也是需要面对剥削者与被剥削者的认知差异。

这种现象反映出欧洲已经出现非常强烈的社会主义革命理想，也反映出美国长期在经济制度上，均贫富还是求大这两个目标之间的冲突。在几乎同等的条件下，我们选择哪一边？在今天，这也还是一个需要解决的矛盾和社会问题。资本支持的大财

团的力量，和老百姓、劳工支持的以罢工权利来对抗的劳工的力量，这两股力量谁大？在法律上，两个群体能够得到的发展机会是不是一样大？如何面对和处理这个问题，攸关公平原则和平等的问题。

这段斗争、纠纷反映在美国的政治上，就是共和党和民主党的交替执政。可这么一个进步主义的部分，是偏向于社会主义理想的部分。进步主义这部分的力量，在美国的政党组织里面从来没有很大的影响力。可它到今天依然存在，存在于民主党的自由分子之间，存在于他们对抗共和党、反抗工厂主这一对自由经济理想的坚持之间。这也是当前存在于美国社会思想中的一个对立。

欧洲出现社会主义、马列主义的同时，也出现了以希特勒为代表的国家主义、国家资本主义。是个人在国家之下屈服呢？还是个人在劳工共同组织的一个大的劳动阶级的力量下屈服？国家力量和劳动阶级的力量是否能够压过投资者？政府是否应该打压投资者，让市场能发挥被支配的一面？这也是一个大的、很难决定的课题。

所以，这样的纠纷到今天依然存在。共产主义终极模式在美国基本上已经没有市场了，但是社会福利的理想一直存在。它在英国发展为费边主义，在美国就落实在第一次经济危机之后，即罗斯福主张的新政。罗斯福新政的社会福利理想，到今天以类似的方式在欧洲成了主流：公权力有责任要给每一个人提供合理的、有尊严的生活条件，每个人都不能因为贫穷而没有生存的机会，这个要求是要确保人的尊严。人的尊严后面，究竟是社会决定的要求、是天性自由，还是上帝神恩给予的自由？这到今天还有很大的推敲的余地，我们没有得到完全的解答。

二战开始以后，苏联在欧洲独大。美国要保护没有受到社会主义、国家主义影响的欧洲，不至于在苏联的独大之下被占为己有。所以，美国跟苏联就有了对抗。于是，美国自称为现代文明的"十字军"，他认为共产主义是变相的奴役制度。对苏联是如此，对今天普京治下的俄罗斯也好不到哪里去。这种冷战对抗之下的"标签"，到今天还是世界列强权力斗争的主要口号。而在美国，他认为这个口号是必须要尊重的。北大西洋公约提出人民有四大自由：每个人有开放的自由、迁徙的自由、表达自己思想的自由和行为的自由。这四大权利、四大自由，被美国认为是基本的立国精神之所在。

二战以后，另外一个潮流开始了。当年新移民进入美国以后，带来了欧洲的思想——也就是说，基督教不同派别的理想。美国的主流宗教基本上都是基督教的一神论信仰，一神信仰最后又牵扯到白人。由于基督徒以白人居多产生的优越感，这就使得其他有色人种受鄙视、受奴役、受虐待。实际的条件之下，白人和有色人种之间的力量非常不平等。

这种时候，不同种族的国民要求彼此权利平等，当然女子和男子之间更需要求得平等。甚至这时我们发现，寻求自己的性别也是个人的自由，一个人"觉得自己是男性还是女性"，这也是他们追求的个人自由的一部分。

在国际市场上，美国具有强大的生产力。在国内资本家和工

富兰克林·罗斯福（Franklin Delano Roosevelt,
1882-1945），他任美国总统时提出的"四大自由"，
被美国认为是基本的立国精神之所在。

人之间的矛盾中，工人是以工潮罢工来做抵抗的——唯有如此，无助的、弱势的工人才有机会和强大的金钱持有人、东家谈条件，从而逐渐达到一个平衡点。确实，到了二十世纪后半段，很多公司已经发展到了这个地步——工人领的薪水当中有一部分是该公司本身的股权、分红，相当于一部分生产者本身也变成了公司的主人之一。这个方向比社会福利更进一步，但走得不是很远，因为发现又有困难了。

在国际市场，这种做法使得单位生产成本趋向于高。假若国际上的竞争对手不是采用同样的劳资合作的模式，他们所支付的劳工代价没有这么高的时候，美国的产品显然就会居于劣势。美国商品在国际上处于劣势，在国内市场上也会处于劣势——外国的货品进入到美国可以采用低价行销，美国本土企业就面临很大的难关。

面临如此种种挑战的时候，对于社会主义福利思想，美国能接受到什么程度？现实情况使美国必须要在这里划清界限。美国对于社会主义国家，或者类似社会主义的国家都有敌视心态。究竟是封锁对抗，把对方压缩在他已有的圈子里不让他出来？还是当压缩不住时，接受必须共存的事实？共存的话又该怎么样共存？

于是，乔治·凯南所主张的封锁政策，就逐渐转变成基辛格的开放政策和交往、来往、合作、容忍。这两个力量对于美国而言，是两种不同的制度、两种不同的政治构想。另外一方面，当下中国的快速崛起，直接挑战到二战以后美国在世界的霸权。霸权是容许敌人与其共存，还是必须要把敌人圈禁？如此，情况就变得复杂：采取务实的霸权争夺？还是，尊崇理想的保卫公平和自由？到今天美国人还纠缠不清，所以美国一直在这个圈子里打转。

到最近有一股新的力量出现，也就是科技文明的出现。科技逻辑、生产逻辑、物理逻辑、宇宙现象的逻辑，给我们提供了更多思考的角度和层面。在当今的资讯社会，资讯交流的手段不断改进、资讯的输入不断增加，范围不断扩大。它使人掌握自然的力量强大到一定的地步，那么科技的力量是不是能支配人类本身的理想？

求得心灵上的安顿，是美国人一个大的难关

最后也是最大的一个问题是：美国或者说西方在基督教思想以外，还有没有过心智自由上的理想？在美国，我看是没有的，他们认为神要主宰一切。美国在二战以后，从东西方战场上回来的战士，这数百万年轻人把东方的哲学、东方的宗教带到了美国，美国人才开启眼界，接触到佛教、儒家、道家、摩尼教等来自东方的思想。

历史上，许多东方的思想、东方的文学、东方的艺术，与美国是完全不同的境界。东方的艺术文明反而是和印第安人有可沟通之处，和其他分散的各族有更多的沟通之处。放在世界文明来看，白人主张的一神论基督教反而是特例，但这个特例具有强大的现实力量。这中间如何共存也是大问题。

德日进（Pierre Teilhard de Chardin, 1881-1955），他对东西双方文化都懂，包括现代科学的精神、现代科学追寻的方向、科学研究发现的现象，与他寻找的心灵的空间、心灵的自由之间如何安顿，他都有自己的理解。

这些新的思想进来以后，对美国思想有大的挑战。美国要不要也走心灵上的自由，寻找心灵上的开放？心灵上的安顿比生产、生活上的安顿和舒适更为重要。这是美国人最近的一个大难关和关口，这个难关和关口还不能突破，还正在进行之中。

我曾经介绍过一本书，或许能帮助大家寻找这个路线。这本书的作者是法国的天主教教士德日进，他的法文名字是皮埃尔·泰亚尔·德·夏尔丹（Pierre Teilhard de Chardin），书名为《人的现象》（*The Phenomenon of Man*）。这个法国的天主教神父在中国的古脊椎动物研究所研究古生物学，尤其是研究人从人类以前的阶段进入人类阶段之间大的关口。这个关口是怎么跨过来的？跨过来的意义在哪里？其特殊意义在哪里？若是一个演化的过程，其演化的现象，具备何种特色？是向上，还是向外？德日进作为进化论者，又是天主教教士，面对东方文化给他的刺激，他必须设法调和天主教的教义和科学学科的空间、思想之间的冲突，不得不写了《人的现象》这本书。

后来德日进被天主教认为是离经叛道，招他回法国，实质拘禁，不许他家里人看望，停止他履行宗教上的职务，不允许他告解和祷告。但是，作为一个学者，他忠于现代科学的精神，他必须寻找自己心灵的空间、心灵的自由之间，如何安顿自己，他必须忠于自己的理解。对于他，我满怀尊敬，也盼望天主教不该在他死后，继续禁锢他的理念。反而，教廷却该好好反省：如何调整自己的神学系统。

今天美国真正的有识之士，有能力跳开财富分配的问题，跳开政治权利的问题。但是，人究竟有没有跳脱世俗约束、跳脱为了生存而活着的局限，找到生存的意义和生存的内容的解释？这些都是更为重要的事情。

```
| 问　　道 |
     +
| 许　先　生 |
```

谢宇，美国国家科学院院士，美国艺术与科学学院院士，台湾"中央研究院"院士，美国普林斯顿大学教授，北京大学讲座教授

谢宇：美国社会充满了矛盾，其中一些矛盾可能被视为美国衰落的标志。然而，任何社会都充满了内在的异质性和矛盾性。对美国来说，正是这些内部的异质性和矛盾——往往表现为个人主义，使过去的社会充满活力和创造力。因此，您提到的矛盾和困难是不是也可以从积极的角度来解读？

许倬云：美国的国民是不同时期、不同来源的人共处在一起，并在这个地方发展来的。他们有城市和乡村的差异，有东岸和西岸的差异，有内地和沿海的差异。这些特质不是矛盾，而是差异。所以不应当用辩证法的矛盾来处理它，应当从差异方面来想。

两个有差异的文化相碰之后，一定会相互融合。游牧文明跟农耕文明，渔夫和农夫，还有各种各样不同信仰的民族，都可以在各自的背景上发展。碰到一起交朋友或者混杂住到一块的时候，他们会寻求互相适应。适应之后就慢慢开始整合，整合以后就可能互相变成混合品。

中国地区从上百种新石器文化一步一步整合，从以前沿着河流的整合，变成沿着道路的整合，再变成网状的整合：最后到汉朝的时候，主流文化就有高度的异质性。这一路整合的过程中，古老中国文化不断吸收差异、承认差异。中国文化的高度异质性在于容许不同的东西共同存在。在中国文化里，承认差异是常态。同中要有异，异里面可以加入和发展出新的同。中国的逻辑一直是辨证学的逻辑，就像《易经》里说的，这个世界上唯一不易的是改变，欧洲的思想里面没有这一包容异端的肚量。

欧洲自从接受基督教思想以后，人们的信仰都是一圣到底，一神到底。然而他们的神很多，有东正教的神、天主教的神、新教的神，三种神不一样；新教的神里面还有差别，加尔文宗的神与路德宗的神又不一样。它们之间不容许调和，因为调和以后有实际的利益冲突问题。单一神的信仰造成的结果是：凡是差别就有冲突。中国的观念是有差别就融合，就调适，永远在变。

美国目前面临的情况，类似中国从新石器时代一直到汉朝阶段面临的局面。美国在吸收不同血统、不同信仰和不同文化背景的人，但这里矛盾的是，它坚持美国文化开放的同时，又不接受黑人及其他语系的人。在十九世纪，美国一年只允许一百五十个中国人申请合法进入；但对英国、德国、法国等没有限制。按照不同人群在美国地位的高下、身份尊卑发放不同的配额，这就不是开放了。

工业革命以后，美国工业跟着欧洲发展，工人与工厂主之间的冲突越来越严重，一直到出现罢工和大规模的冲突。在我写的

《许倬云说美国》里面，曾经描述过一次大冲突，伤痕累累，几乎到了打内战的惨烈程度。

美国人不懂得差异可以调和，差异可以共存，主要原因是一神教的独断观念对人的心理的影响所致。印度教和中国儒家这两个宗教容忍性很大，接受异种的可能性很大，它们开拓的余地比新教要多得多。中国和印度文明的思想资源，对现在世界所面临的多文化冲突的局面是有借鉴意义的。

李菂，中国科学院国家天文台研究员，FAST 运行与发展中心首席科学家

李菂：美国最高法院大法官安东尼·斯卡利亚经常说要追求"original intent"（原旨主义），好像有一些把美国的建国者神化的意思。结合现实中发生的事情，它是不是展现了所有的矛盾和想法，在开疆拓土的时候都不是大的问题，因为美国一直在发展和扩张。从美国建国到现在有两百四十多年，它是不是进入文明发展的衰老的必然现象，还是只是暂时的衰退，依然能展现本真精神带来的活力？

许倬云：当前的美国是否衰老，要看它本身是不是有容纳其他意见的余地。比如美国自从变成独神信仰，独占性强了以后，美国人种族上的优越感也强了，亦即 exceptionism（就是"我

特别优秀")。美国对不同地区的人有不同的偏见，它认为只有自己是最好的，而且美国社会，仍有身份等级的区别：等级最高的是英国来的那批人，"波士顿婆罗门"（Boston Brahmins）。当年波士顿刚开埠的时候，在灯塔山（Beacon Hill）有五、六十户大人家：他们的子孙都是清教徒，是教会里主要的活动分子，也是当地有头有脸的人物，包括商店主人、大地主、民兵队长等。一直到现在，这些家族占有美国的80%以上的财富，主要以"财团法人，委托基金"的名义，集中在几个投资基金和全世界的证券市场持续经营。他们的财富，使他们自觉高人一等，再难有人更好、更优秀。

第二圈看不见的贵族是1880年开始，美国大规模的工业发展诞生的洛克菲勒、富兰克林等贵族。他们下面的雇员，包括英国系统、爱尔兰系统、西欧系统、德国系统、东欧系统的移民在内——犹太系统排在更外围，俄罗斯系统排不上号。这个结构是一圈圈，阶级分明的状态。美国的知识殿堂——大学也被这些家族的资本独占了，很多著名的大学都是他们捐钱办的。

美国创立的时候，"波士顿婆罗门"与南方的贵族、费城的知识分子三支贵族力量合在一起，后来纽约老荷兰贵族也合并进去，四支力量构成了美国的统治集团。这个统治集团不是不愿意改变，怎么样改变都可以，但独占的优势不能变。他们是利益分配专断的问题，不是理念的问题。请注意，我们要理解任何大文化系统比如美国，里面应当有横向的视角来观察，也要有直的切割的观察视角。

不同文化来源的人聚在一起寻求共同，并且最大的共通之处是遵照同一个国家的法律，那么法律有特殊偏见的话就要改变法律，因此美国的法律制度也是在不断调适的。此外，美国的阶级与阶级之间有法律权的平等、受教育权的平等，这是许多年奋斗得来的。但我们也要看到，今天印第安人社区的孩子要出来上大学难如登天。另外，宾夕法尼亚州有一群阿米什人，他们到最近才用上电灯，此前一直过着自己中古的日子。

蒋昌建，高山书院 2018 级班长，复旦大学副教授，著名主持人

蒋昌建：有一种症候群，叫"巴黎综合征"。意思就是日本的游客到了巴黎，发现这座城市与想象的不一样，到处都是宠物的排泄物，有些地方的社会秩序也让人困惑。那个浪漫都市的印象，瞬间有些幻灭，这造成了不少日本游客不良的心理反应。我借用这个概念来谈有些人心目中的"美国综合征"，即过去这个国家给人留下的理性、秩序和科学的印象，在这次的疫情中出现了很大的转变。戴不戴口罩这一卫生话题成了政治话题，有人竟然相信服用消毒水可以祛除病毒，并因身体力行而殒命。许先生，导致这些现象的发生除了您刚才说的宗教之外，还有其他什么原因？

许倬云：美国出现这样的问题，不仅与宗教不宽容有关，还

需要从美国人的来源和去路去了解。我来美国六十年，写了本书对美国检讨，叫作《许倬云说美国》，里面就讨论了来源和去路的问题。来源是每一个族群到美国的时候，都盼望这个社会是开放的、自由的，到了以后才发现这里是竞争极为激烈的社会：成王败寇，新人其实很难脱颖而出。

美国从立国到现在，没有出过头一等的哲学家、文学家和诗人。最大的哲人是杜威，杜威主张实用主义。文学方面，早期的诗歌还不错，现代诗歌越来越晦涩难懂。原因在于来美国的人往往本身不是自己本邦的头一等人物，尤其是工业革命以后欧洲过来的都是穷人。二战以后，欧洲的科学家、哲学家过来了，东方的优秀人物也过来了。在这些人以外，美国人认为进来的人都不如英国来的人。

英国移民过来的清教徒是都市里面的小资产阶级，天然有反对封建贵族的趋向，也天然有反对大富特富的现象。这些人进入美国，成功的基本尺度是有足够的生活资源能活下来，高度成功的尺度是有钱。除了钱之外，还有精神境界，这个精神境界是进入洪荒开拓天地为我所有，敢闯、敢打、敢拼。钱和地位是成功的标志，到后来实际上变成致富是最大的工作诱因。

二战前美国刚发生过经济危机，之后反省的过程中出现了一批人，指责美国社会追求物质欲望、财富欲望的特色。比如菲茨杰拉德写的小说《了不起的盖茨比》，就反映了这一现象。二战以后，战场上回来的经历过生死的年轻人，在欧洲战场上看见欧洲老习惯、老的文化传承以及哲学上的讨论，他们很感动，开始反思"我们为什么不思考我们的问题"，于是嬉皮士出现了。嬉皮士不重财富、不重名声、不重地位，重的是内心寻求新天新地以及解决内心困惑的自由和能力。美国的嬉皮士相当于中国南北朝时期的清流，也就是清谈的人物。

一直等到工业生产从一般的产业伸展到大产业，再伸展到非常专业的产业，进而延伸到科技产业。与工业开展同步进行的是科学的探寻，找新的路、新的源、新的形式，最后与科技生产整合出生意。依此逻辑延伸到信息方面，传播理论、整合理论都是因为工业界的需求，才在学术界里面出现的。

这样一条路径和方向，我认为是很好的。慢慢地会从马被车子所拉变成车子被马所拉，马是科学，车子是技术。我希望有一天，"科"在前面，"技"在后面。"科"自己发展新的领域，比如外层空间、宇宙、量子力学，不去管有没有工业上的需求，甚至可以超越牛顿、打败爱因斯坦，必须要走这一条路。这些趋向是慢慢校正美国未来的最好的方向，最大可能性的一条路径。

美国确实很长一段时间认为聚富是最好的事情，有了钱什么都可以做。后来，新的移民（尤其是从德国来的）带进来的是，从现实中找路走，不要从神的假定中找路走，这开了新的路。今天的世界，经济上的交换已经不太可能被切断，世界性的商业经济交换的网络笼罩全球，驱使共同的人类文化必须要出现。不然的话，只能打架，没有办法好好过日子。

我们未来唯一的出路，就是在经济交换、文化交流互通的网络上建立新的理想。国家不是终极阶段，国家是中间层。不要拿国家挺在前面，要拿各种其他的世界团体摆在前面。我个人的理想是，未来世界可以模仿中国几千年走的过程，从中获取处理当下国与国之间关系的思想资源，这个过程里大家互通有无、合作交流。

这条路要走，也并不是一定可以自然而然地走到的。要自己约束自己，自己警醒自己。将来不能靠斗争解决世界问题，要靠调和，要以文化、经济的全球化做基础。中国的《礼运》最后是大同之世。《论语》里面解释说大同是先修己，修到可以帮助人家的时候，修己安人，修己安民，最后修己安百姓。但是，《礼运》已经指出："修己以安百姓"的境界，在虚设的神圣世界都没有实现过。这个理想是没有尽头的，永远向外有无穷的扩充余地，向内有无穷深的深处要去自我调节、探索。中国提出的"人类命运共同体"的概念，从某种程度上来说既是目标也是路径，至少是一种善意的可能。

萧泓，高山书院 2017 级学习委员，完美世界 CEO

萧泓：农耕时代的主要竞争是对土地资源的争夺并形成封建制度，工业时代是对技术和市场的争夺，也衍生出自由主义政体。那么从历史延展的角度，什么制度可能会成为最好的？

许倬云：所有的秩序都包括一点，公权力要有很大的权威，但是公权力最大的威胁是被误用。柏拉图的《理想国》借用苏格拉底的谈话，哲学君主有思考能力、有眼界，有洞察力和融合力。这类君主很少见，少见到他即使出现了，他本身也会衰老。这套政治制度也会衰老、退化，然后下滑到军人专政、富人专政、暴民专政。暴民不是普通老百姓，是糊里糊涂的老百姓，这样的老百姓拥戴出来的，就是糊里糊涂的君主，像现在的美国总统特朗普一样。柏拉图认为，要真正恢复到民主政体不可能。雅典城的人口是五千六百人，我们今天哪里能够靠五千六百人的社区过日子？何况五千六百人之外，还有不属于雅典城的牧人、农夫为雅典城提供粮食。

就今天的体制来说，每一种政体都有它的过渡期。都是为了呼应时代需求、解决当代问题设立的，后面来的人过分地坚持同样的方式就容易变成僵化。佛教讲的"成住坏空"，这是世间事物的基本逻辑，政治制度概莫能外——"成"的时候很好，"住"的时候勉强维持，"坏"开始分崩离析，"空"就没有了。

我们不能设想哪一种制度，是天下的唯一的、最好的终点站。亨廷顿的徒弟福山讲"我们到了历史的终点站，就是美国"，这话讲得没道理。天下世界没有最后的终结，最后的终结还需要考虑人的因素。没有人不老，没有人不死，没有人老了以后不糊涂，没有人不会衰退。

不要理想地认为将来有东西可以完全代替什么，只有演化，只有无穷地追寻、改变，和因此而呈现更多的选项。好的制度要留下可以改变的空间，不要把改变的空间塞满了，要保留一定的余地调适自己。没有完美的境界，但要有试探的空间。try it and improve it（尝试并改进它），这样我们才有活下去的可能性。

第四讲

美国国家组织
活力正在丧失

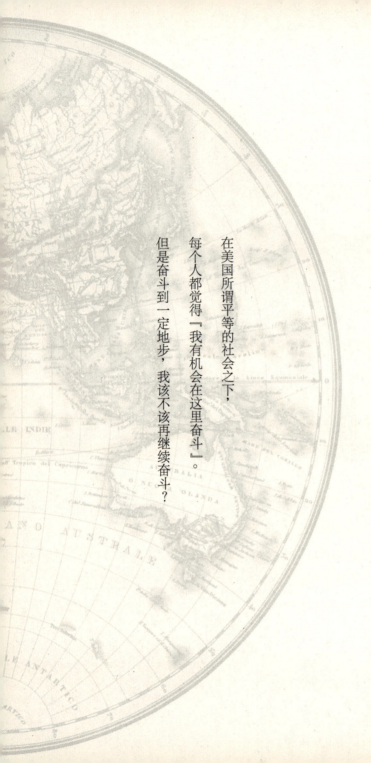

在美国所谓平等的社会之下，

每个人都觉得『我有机会在这里奋斗』。

但是奋斗到一定地步，我该不该再继续奋斗？

我们前面一讲中谢宇教授提了很好的问题：究竟美国出现了什么样的困难，以至于落得今天这样的德性？他还提出了很多可能性，是不是应该有创新的可能性？应该有调适的可能性？这在我看来，就是美国本身发生的问题之一。

美国社会的活力正在丧失

最近有一本书是寇特·安德森（Kurt Andersen）写的：《邪恶天才：美国的毁灭：一部近代史》（*Evil Geniuses: The Unmaking of America: A Recent History*）。这本书不算小，四百多页，讨论的是美国目前面临的精神状态和制度的缺陷。谢宇先生问的是精神状态上的问题，但究竟美国当下的问题在哪里？美国有很多创新，同时美国社会结构是由许多不同的多元化、许多不同的成分拼合在一起的，美国国民的来源也很复杂。这种背景对于美国而言应该是有刺激性、有活力的——没错，这是精神状态的刺激性与活力，是美国立国时代具有的；一直到二战以前，美国都还具有这种活力，甚至到了1980年左右还有这种活力，到2008年也还呈现出一波活力。那为什么现在的美国，这种活力不见了？

安德森是很著名的记者，他认为美国活力的丧失是一种社会老化的现象。美国太富了、太自满了，觉得太满足

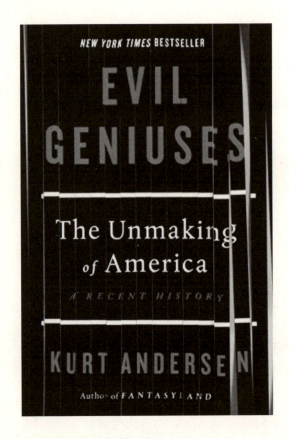

NEW YORK TIMES BESTSELLER

EVIL
GENIUSES

The Unmaking
of America

A RECENT HISTORY

KURT ANDERSEN

Author of FANTASYLAND

安德森是很著名的记者，他认为美国活力的丧失是一种社会老化的现象。美国太富了、太自满了，觉得太满足了。图为安德森讨论美国目前面临的精神状态和制度缺陷的著作《邪恶天才：美国的毁灭：一部近代史》英文版封面。

了。过去，许多人对于自己的情况觉得有改进的可能，有改进的要求。尤其是新来乍到的新移民，往往觉得到了这里，我要好好打拼天下，以期尽早实现快乐、安静的移民生活。这也不能说不对，这种精神驱使着他们去寻找新的东西，而且年轻的人往往要尝试新的制度，要进行过失的检讨，也要做出种种改变。

当前的美国社会，则缺少多元之下彼此刺激的现象。除了安德森之外，很多人曾指出类似的问题，检讨资本主义本身出了什么毛病。最近三五年里面，有十来本书在各方面提出同样的困扰。安德森现在等于总结了很多人最近讨论的精神状态方面的问题——整体而言，美国是懒了、老了、疲倦了，安于现状了。

美国还能如特朗普所愿 "重回伟大" 吗？

所以总统特朗普提出口号：我们曾是伟大的国家，我们要回到自己的伟大，回到曾经美国的强盛富足的巅峰。但是要回去，怎么回去？为什么过去达到了这一高度，而今天的美国眼看就要撑不下去？他不检讨，只是说我们要回归荣耀。于是他下令把外人赶走，让一些看不顺眼的人不要进来；好的制度也不让它执行，求公平的声音不必管它。总体而言特朗普的意思是，让我们关着门过一个安乐的日子，世界格局的问题我们不必管。特朗普认为美国曾经管得太多了，要收回来；美国为了维护世界秩序，的确，曾经背负了沉重的负担，这是美国越来越穷的原因。但是他们忘记了，这种"义务"和"责任"，是任何做领袖的都要付出的代价——

他只想要成果，不想要为此工作、付出。

这个状态之所以出现，缘故在哪里呢？每个移民刚刚踏上美国国土，都是盼望进了这个国家以后，可以共享这个国家的繁荣、富足、自由、和平。"我们在那边古老国家很辛苦，到这儿来享福了"——这样的心态，我想是每一个国家的移民，不管哪个时期都这么希望的。早期移民到了这个新天地，没有拘束、没有限制。"我和平民一起打天下"，这是一种愿意向新的方面看、愿意拼命做、愿意尽力去做，共同奋斗的精神，这是新移民时代每一批移民都有过的愿望、有过的决心。

现在特朗普将国门关掉，因为觉得进来的移民多得快要满了。这个时候，曾经移民带来的多元性就变成"拥挤"的压迫感，强者也开始欺负弱者。现在美国的门已经要关了，不让别人进来。我们已经有了完备的制度，不需要再改变什么了，因为我已经占了便宜。大概有一半以上的人说，这个制度我过得很好，何必改变？就不再愿意去尝试新的变化，也不再去检讨自己社会的问题。

二战后曾经有过一段时期，美国吸收东方的思想，也大量吸收全世界的精英到美国，创造又一个辉煌的高峰。那时候这些外来的人口和思想，带起了人们对精神境界的追求。但现在的美国，这种见贤思齐所带来的良性刺激，所产生的美国人的自我激励没有了。

在美国所谓平等的社会之下，每个人都觉得"我有机会在这里奋斗"——但是奋斗到一定地步，我该不该再继续奋斗？我的生活已经够好了，我活得也够舒服了，我有房子住，我有保险可以拿。但是他忘记了还有一批人在下面，被压在下面做着社会劳动，从事着最艰苦的工作，待遇却是最低的。这些就是社会差异化的现实，与追求平等的理想愿望脱了节。

所谓自由，是指我有权利做我想要做的事情，我有权利拿自己赚的钱留给自己用。为什么把我的钱拿出来给别人用？为什么公权要约束我？这也就是支持共和党的群众的想法。他们就觉得，我们不需要拿自己赚来的钱交高额的赋税，去造就很好的条件和大环境。

基础设施的老化和证券市场的混乱

二战以后的十年之内，美国铺设了一套基本建设设施，道路、港口、机场、通讯等等都建设得非常周全。但从那时候到现在差不多七十年了，美国政府几乎没有再改进过去建设的铁路网、公路网。因为资讯的发达、科学研究的需要，通讯网倒是有改进，但别的方面几乎没有改进，大家已经满意于美国已有的这个基本建设。美国人不再往欧洲看，也不再往东方看看。中国的高铁已经建设了多少万里，中国在整个国家内部纵横交织的大铁路网之外，还沿着一带一路往西边走，而日本的高铁曾经是世界最快的。

但是美国似乎没有看到东方这些年的变化。美国的机场是拥挤的，设备是陈旧的，班次也靠不住，种种乱象到了一种奇怪的地步。可美国人自己觉得不太难受，大家忍得住：我也够舒服了，我不需要这个便利，我不旅行——或者坐飞机不舒服，我自己开车算了，我开车不急，我慢慢开就是。这种精神状态，就好像是说我错了，但我不去纠正。我在错误之中产生病态反应，但我不想纠正它，我就窝在那里。

比如说2001年那次大的经济恐慌，是由于安然这大型投资公司本身做假账，账目不清楚导致投资人的利益大受损害，拉垮了其他和安然有关系的公司，导致整个市场垮掉一次。2007年的次贷危机更荒唐，贷款的公司或者银行把已经贷款付清的旧案，或者已经烂掉、破掉的产业通通捆绑成一百件、二百件一包，重新进入市场整批、整批地买卖。这个事件相当于是一包水果，从外面包装看里面的水果、橘子、苹果都是好的，打开一看全是烂的。市场不问打开来的内容是什么，就拿它当成商品来进行交易。哪怕它不符合商品的标准，只要有一个欺骗性的包装，银行就承认它是商品。

这种事是不应该做的。资本主义社会信用第一，没有信用就错了，故意犯错就是罪恶。可这两次都是蓄谋之下犯了致命的错误，以至严重影响到国家的经济、金融市场。它们反映出来的问题，是美国内部没有自我监督的制度，也没有自我检讨的制度，更没有法律的监管。

今天的市场投资更可怕的是，在一个证券市场、债券市场上，证券和债券市场合并在一起做投资。债券是借钱，证券是投资，它们涨幅和跌幅是倒过来的。你可以在市场上收拢足够资金的话，你不用去借钱。债券跌价的时候是证券涨价的时候，在证券跌价的时候，是借钱来过日子，债券就涨价。有些美国人在对冲基金或者避险基金运作的时候，前一分钟看见债券就投资债券，拿大量的资金买多多的债券进来；等到债券涨了，证券就跌了，我把债券卖出去把证券买进来，两头都赚。忽然看见债券跌了，证券涨了，他就赶快买回债券，把证券涨出来的部分卖出去赚这笔钱。如此这般，似乎投资者可以立于不败之地。可是实际上这都是投机取巧，这种行为不是正当的、不是应该有的。

但是，全世界资本主义国家金钱最终的掌握者，比如说美国大概有几十家最早的富人，被称为"波士顿婆罗门"。他们自己家族的遗产，比如说洛克菲勒家族等等，自身都有一个财团法人叫共享资金。这些家族的人，每年从基金里获得够他生活费用的一笔数目，余外的一大笔钱不散、不继承，一直在市场上利滚利。这个数越来越大之后，美国的经济实际上 80% 以上都被这些少数的大财团控制了。他们拥有种种关联企业：银行、保险公司、金融公司，他们还拥有很多新兴产业。任何新的公司出来，新的产品出来，都有风险投资（Venture Capital）去帮他们创造新事业，他们永远立于不败之地，财富从此不再有重新分配的可能性。这个现象就造成市场上出现一种怪异的状态：资本主义不再是将本求利，而是有钱人永远是用钱生钱、用利滚利。

在我们外人看来，资本市场每天涨多少、跌多少，以为这是真实的情况。其实不是的，背后就是人家操纵的，是一大缸的水被人为运作，这边落潮，那边涨潮。没有真正的新水进来、污水出去，或是更多的水拉高，没有这样的情况。无论是"水头"还

上世纪初，洛克菲勒基金会在中国投资兴建了包括协和医学院、燕京大学在内的十几所高校，深度参与了中国近现代化的进程。图为司徒雷登（左二）与燕大教职工合影。

是"泊底"，都是靠人工的操作。这个金钱游戏，就像是一个魔术师抛瓶子，所有的瓶子都在钱框里，没有在他手里。五六个瓶子他也可以一路抛、连环抛，但实际上一直不离手，这是一种游戏。但游戏后面，是每个人真实的储蓄，放在银行里让他们来玩弄。

像我们退休的人，退休的救济金全是放在大型基金公司里，基金公司要靠市场运作赚了钱分配给我们。于是老的人越活越长，领了保险金足以保障生活。像我 90 岁了，还继续在领保险金。但新来的同事 30 岁进来，比如我做教授的同事，他有一大堆"老鼠会"。后面来的小"老鼠"如果不拿保险金，如此运作的话，他永远付不完给老一辈退休人每个月的月金，永远不够用，永远由后来的人付出代价。

这种资产的分配越来越不平均，越来越有差异。年轻的人很难找到工作，除非他运气好。工作找不到，他有失业救济金，失业救济金仅足他糊口，还有每天菜市场上到了黄昏有许多卖不掉的东西，放在后门口随你拿。穷困的人，就只能靠这样的方式维持生活。

很多人就靠救济金加上食物银行，取得生活的基本需求；但有好多人他不做事，整天闲闲散散，每天吃得饱饭，有一瓶啤酒可以喝喝就够了。这些人不再追求长进和进步，这个就是当前的资本主义制度，结构上发生僵化失调的状态。

"赚钱"与"致富"，本身是资本主义最终极的目标，也是永远存在的目标。但赚了钱之后，怎么分配是一回事，怎么公平分配又是另外一回事。怎么一代一代将财富传承下去，把负担永远放在新的市场，就更是另外一回事。这些问题都没人追问，这些是资本主义制度结构上大的毛病。

两派党争，并未面对国家真正存在的问题

二战以后，中国的儒家、道家思想及印度的佛教、印度教思想等等传入美国，刺激了至少两代人，比较肯从理想的状态去想问题。但现在这些拥有好奇心，愿意寻求精神境界的安宁和公平的人越来越少。今天的年轻人很少有人愿意从精神层面思考人生和国家的现状，很少有人愿意从组织层面、制度层面思考国家制度的缺陷在哪里。而美国为了拥有、掌握更多财富，它必须要拥有霸权。但经济上的霸权，是要靠军事上的霸权撑下来的——"我是老大，我有武器，听我的话，不听我的话就走人"。

维持这种霸权的巨额开支，本身也是非常浪费的。美国要在军事上维持霸权，就要不断干涉别的国家内部的事情，不断干涉族群之间的纠纷。为了维持霸权的存在，必须要不断发明新的武器，要有更多的装备和军人，维持更有效、更有杀伤力的武装部队。这种巨额军费的支出，在过去的美国不会有那么多，但现在越来越多了，每年都要更新武器装备。单就美国空军的战斗机、轰炸机来讲，就有几万台装备没用过却已经报废，每年都有更好的设备、更好的武装供应给军队。

美国的国家债务，最大部分花费在国际上干预别的国家上，其次就是用在武器的不断更新上，为了维持它的霸权。这种情况

二战以后，中国的儒家、道家思想及印度的佛教、印度教思想等等传入美国，刺激了至少两代人，比较肯从理想的状态去想问题。图为行走在美国乡间的"披头士"。

是叫人比较伤心的。

那么，我们可以进一步思考这些相关问题：当前的这种局面究竟能不能改变？我认为应当是可以改变的。但就目前美国的政治制度而言，国家的公权力还是最强大的。要改变现状，首先要改变公权力的结构，若这个层面不能改变的话，别层面的就不可能改变。但是，美国的公权力是掌握在有钱人的手里。

他们最愿意维持现状，也最愿意拖下去。像这些年，两个党派的竞争基本上没有真正地检讨国家面临的问题的根本所在，没有新的改进，没有新的基本建设的提议，也没有在教育制度上怎么样做进一步发展的规划。两边只是就空洞的问题在争吵，"形象、行为、作风"都是争吵的主题，这是叫人非常伤心的问题。

$$问　道$$
$$+$$
$$许　先　生$$

王原，中国古动物馆馆长，古生物学家，中国古脊椎动物与古人类研究所所长

王原：匹兹堡是美国"铁锈带"的著名代表城市，被称为"钢铁之城"，曾深受工业外迁转型之苦。您觉得现在美国政府呼吁的"制造业回流"，能否在短期实现？

许倬云：我 1970 年到美国的时候，正好见证了匹兹堡钢铁业的落日余晖。清晨或者下午抬头看，半边天是红的；晚上看，满天都是红的。钢铁炉烧得满天红，墙都是黑的。

那个时候是匹兹堡最鼎盛的时期，所见的景象代表了资本主义工业生产力的很重要的背景。老板出钱办工厂、买机器，工人在生产线上劳动，白领阶层（也就是管理人员）是老板和工人之间的中间站。白领和蓝领其实都是老板的雇员，但他们的待遇相差很远。蓝领靠技术，依靠双手干活，白领靠管理经验和知识谋生。当时，美国的工运正好处在盛极而衰的时候。工人要罢工的话，全国生产就会停摆。我看到过工人们自发地组织起来，向资本主义的老板去争取更好待遇的盛况。

等到后来的工业自动化，以及现在的人工智能化出现，计算

机科学把生产流程切割成无数个小段，每个小段由特定的机器生产和控制，工厂里的蓝领阶层开始消失不见了。现在，蓝领阶层的儿子甚至孙子已经开始进入职场。蓝领阶层是老辈，可以拿到工会给的养老金；儿子可以提早退休，但得不到太好的待遇，要靠贫穷救济金和社会福利金生活；孙子没有机会进入最好的大学读书，最多读个社区学院。他们三代人的脑子里都还记得当年的盛况，当年工人了不起的岁月。

这个情况造成今天的美国社会上，有一大堆被遗忘了、搁在一边的人口。他们在二十世纪五十到八十年代的劳作，曾经为美国工运带来第二大高潮。如今，担任蓝领阶层工作的人越来越少，剩下一大批人永远要失业。这种三代人都面临失业的局面，会产生很大的社会问题。另外，现阶段年轻的专职人员薪资最高、工龄最短，未来这批人也很快会老化。

匹兹堡垮在哪里？当年瑞士、瑞典、日本出的钢铁是半自动化生产（刚刚到半自动化阶段），运到匹兹堡钢厂门口，比匹兹堡本地生产的钢铁还便宜 25%。那匹兹堡的钢铁企业还怎么和他们竞争？没法竞争。所以，特朗普说要把工厂搬回来，是不可能的事情。老工人即使愿意回来，也无法适应现代机器的自动化，而且工厂也不需要那么多的新工人。

1957 年，我第一次来美国坐的是四万吨的货轮，船上有三十来个船员。今天是货柜船，可以装二十五万吨，只用十个工人操作就可以完成所有的工作。可见资本主义已经发展到什么样的地步，他们是自己把自己打败了。

特朗普不懂得现代工业的演化是一步步加速的，非常快。将来进入工厂可能都看不见人，只能看见机器在干活。一台机器很贵，折旧率很高，因为新机器出现得越来越快。

他以为可以再回到当年的局面，其实已经不可能了。过去已经一去不复返，而且也玩不起，除非改变社会结构。我在引言部分已经讲了，在工业转型时期，老工业区和旧有生产模式已经死得透透的。可悲的是，美国在两次工业革命的进步之后，第三次工业革命把前两次的成就外包出去了，把经济真正的基础外包出去了。

美国为什么能撑这么久？因为它把金本位、一篮子货币打掉，然后建立了美元霸权。美国靠二战后一枝独秀的生产力和资本，既有力量又有钱，独占了世界经济的一大半以上，有权随便印发钞票。美国当年的老本家累积的数目巨大，背后是很多看不见名字的财团。他们很多的下属企业注册在开曼群岛，这个小岛上有两条街，每个门口都挂着二三十个招牌，都是公司总部，没有几个人管理，但是可以逃税、逃避管理。这种现象，是很奇怪、很魔幻的资本主义现象。

上个世纪七十年代的美国工人是很能干、很负责任的一群人，但他们是"穷民而无告者"。他们可以领工会的保险金、救济金、社会福利等，能够过一个大概比今天大多数国家普通人的生活还高出那么一点点的生活。但没办法再继续提升生活质量，他们也不需要。他们只要一杯啤酒、一块牛排就够了，吹吹牛、晃荡晃荡，怀念一下当年的好日子。这些人是特朗普的拥护者。从来没想到，当年遗留下来的工人阶层会变成共和党的基本票仓，这些人就是今天我们说的穷白人。

穷黑人有政府管，穷白人没人管，这是将来美国的乱源。

周航，顺为资本投资合伙人

> 周航：最近，在中国不管是官方还是民间，都是把目前急转直下、全面冲突对抗的中美关系归咎于美国，您对美国自身的问题也谈得比较多。相比美国存在的问题，我更关心的是中国该怎么办？以及，中国作为一个快速上升的大国，过去、现在和未来，我们有哪些需要反思和调整的地方？

许倬云：中国有一个很大的本钱，那就是文化的本钱。文化本钱有一个很重要的部分是重视知识、重视理想，而且知识分子不是为钱而工作，知识分子是为用自己的理想去帮助社会的其他成员一起走到理想的大同世界而工作。这是自古以来中国知识分子的传统。美国的专业人员教授法律知识是为了挣钱，教授管理知识也是为了钱，甚至教授历史知识也是为了做教授——基本上美国教授的工作不重，待遇还不错。中国知识分子"以天下为己任"的理想是不一样的，这是中国的本钱。

至于中国目前的问题，从 1949 年到现在走过好几段。最大的转机是邓小平主导了改革开放，把整个社会的状况转过来了。

如果没有他当年的工作，中国不可能有后面的快速的发展、崛起。我相信总还有一些有理想的人愿意以天下为己任，开拓知识也罢，管好天下也罢，最好他能先处理好自己内心的问题。身为一名知识分子，我们不是为了社会工作，也不是为了外在的职业而工作，我们的工作是为了让自己的心有安顿的地方。这些人在的话，中国就应该有希望。这些人会想问题，会提出问题，最后把问题留下来给别人思考、研究。这一代人没能解决，第二代总有人接下去继续往前走。

我脑子里思考的问题，从二三百年前就有人想过了。我是无锡人，无锡东林书院的风气、东林学者的遗训犹在。我们辅仁中学的学生，就是东林之后一代又一代人的子孙。中国学术界这一百年里面，知识分子做官的比例很小，纯粹学人占的比例很大。很多人像我一样承受过去留下的担子，宁肯死也背着担子。这是中国最大的本钱。

宋冰，博古瑞研究院（Berggruen Institute）副院长、中国中心主任

宋冰：有这么一个观点，美国两党轮流执政制，沸沸扬扬、透明度极高的舆论和选举过程，也是民众极端情绪释放的过程。不管怎么闹，它的政体是稳定的。中国自古以来就没有摆脱改朝换代时的大震荡和乱局。您觉得这个说法有道理吗？如何摆脱大起大落？

许倬云：四五千年的历史记载里，中国大一统政权在历史里面多次改朝换代，但这么大一个中国没有散掉，是很了不起的。散掉了又重聚，就因为中国内部有弹性。美国的历史很短，从建立殖民地开始到立国，再到现在才二百四十多年。也就是比封建社会阶段中国长的朝代短一点，比短的朝代长一点。美国制度的稳定还没有经过足够时间的考验。

美国面临的第一次考验，是各个殖民地要不要结合成为一个统一国家；第二次考验是南北战争，打完以后是统一还是分裂？现在，美国文化上、经济上已经分割成三块：东北边一块、西南边一块、中间一块。这三块人群的成分不一样，思考的方式不一样，着重点也不一样。不仅仅是经济制度上的分割明显，连城市形态、饮食习惯都不太一样。所以说，美国将来有可能分裂成三块。

中国历史上的改朝换代，有一大半是外来侵犯导致的，现在中国终于把外来侵犯者赶出去了，本土部分始终没散掉。中国本土和四周区域性的差异相当大，但各地有一个共同点——基本上中国没有独占的信仰。儒家并没有独占性，儒家接受佛教，并刺激了道教，儒释道的发展里是一次一次的相互转换、一次一次的相互接受，每次都有弹性来修整。

虽然中国文化的底盘始终可以改变，但是中国文化本身大的格局不会大变。为什么不变呢？因为中国拥有四通八达的道路系统。中国的道路系统从秦始皇时代建立的三横三纵，一直发展到今天的七横六纵，这个大的道路网络不但是财富、商品转流的通道，也是人才周转的途径。农村的财富经过都市转到管理阶层手中，管理阶层的文化经过道路影响农村。

　　改革开放以后，中国开始大规模修路。路修好以后，就把中国各个地域拴在一块了。除了道路网络，大的网络还包括思想流通的网络、观念转移的网络、商品周转的网络、人才周转的网络，基本上都是一个逻辑链条。所以，中国的特殊点，就是社会、经济、文化、人才都是用同一个大网框在一起。这个大的网络就像一棵树笼罩在中国的头上，有它在，中国不会散。

第五讲

当今世界的
领导权在哪里？

中国人构想的这个大同世界里面，没有里、没有外、没有大、没有小，整个世界统一在一起。

中国历史上所主张的大同世界，应该是超越霸权的。

这一讲我想探索当今世界的格局，及其领导权的问题。现在牵扯到的是两个观念：一个是我称为中国传统的"天下观"，一个是列国体制的"霸权观"。这两个观念是不同的认识世界的角度。

人类历史上的"大同世界"观

像中国传统的天下国家观念，是从个人到全天下的一个不断扩大的同心圆结构，扩大到最后是全世界一体。最终实现的这个理想世界，就是中国所谓的太平盛世、大同之世。我所说的"普世天下观"，用英语讲叫"ecumenical order"，是普世大同的意思。这种观念在其他文化圈里有没有？有，但是不太一样。中国的文化里面所说的天下大同，是一个人际关系不断扩大的圈圈。从人类个体本身，到家庭、乡里这样最小的团体，再到国家这种更大的团体，再到国家四周边疆地区这一更大的范围，这个同心圆结构进而还能扩展到全体人类甚至整个宇宙。这些层次，都是围绕一个同心圆一圈圈套在一起的。

在人类历史上，这种全世界共同一体的宇宙观并不常见。在中国，它也是逐渐形成的。从"天地或者天代表整个宇宙秩序"这个观念产生以后，到董仲舒的《春秋繁露》出现，才最终形成整个大宇宙、小宇宙一直到人类个体生命，一层层重重叠叠套在一起的同心圆结构。在《礼记·大同篇》里面，我们见的就是最外圈的"世界大同"思想。

这个圈子里面，我们并不希望有霸权，也不希望有王权。王权最高的境界，是没有王来决定国家的秩序，而是由老百姓自己决定，由天然的秩序来决定。这种想法非常崇高，但也非常玄，代表人类一种最高的理想。所以说，大同世界的理想并不容易实现。《礼记·大同篇》里所说的大同世界，先王都没有做到——中国的先王时代被认为是理想时代，连这个时代都没有达到这个境界，可见这个境界几乎可望而不可即。但正因为可望而不可即，我们更向往于那样的世界，盼望那一天降临到我们人间。

那么，在佛教里面也有类似的观念：最后的净土。佛教里面所说的净土，超越了现代的俗世、离开了俗世。我们有两种理解办法：拿俗世当作小圈圈，而净土世界就是大圈圈；或者把净土世界与俗世看作两个境界，跳过俗世才能进入净土——要进入净土世界，心灵纯净是最大的条件。

同样，基督教里也有类似的这种"大同世界"。天主教建立了天主教秩序为神权、罗马为霸主的霸权体系——那不是天下观，而是霸权观。罗马帝国征服了周围的族群，罗马的军队、罗马的兵团驻扎在各处。各处的领袖就只能听罗马的话，各处资源也只能按照罗马人的意愿分配。我们需要什么就拿什么，这就是霸主的心态。天主教的秩序又笼罩在罗马帝国之上，被信教的蛮族接受了。罗马世界之内的权势阶层认为，神以他的神恩给了罗马世界以和平。

这个观念和结构，跟中国人所主张的大同世界不一样。他是

《礼记·大同篇》里所说的大同世界，先王都没有做到——中国的先王时代被认为是理想时代，连这个时代都没有达到这个境界，可见这个境界几乎可望而不可即。但正因为可望而不可即，我们更向往于那样的世界。图为上海博物馆藏战国楚简《礼记》（局部）。

有一个霸主领头的，而中国人构想的这个大同世界里面，没有里、没有外，没有大、没有小，整个世界统一在一起。中国历史上所主张的大同世界，应该是超越霸权的。中国的大同世界思想在其他的文化圈里面也有类似的，刚才所说的佛教里就有类似设想，但是完全脱离世俗。

又比如说，希腊神话里面神的世界，神在天上、在奥林匹克山顶上，跟我们人间距离很远。他玩他的，我们玩我们的。神偶尔干涉人间的事，但是人和神是属于两个不同的境界。波斯文化里也有天下观，跟中国的天下观有点类似——他们认为人类经过光明－黑暗－光明这样一层层不断的变化和提升，才能最终达到全部的光明。

中国的天下观是相当俗世的，就是理论上在人间可以做到，不必牵扯神的信仰。中国宇宙观里面的世界，是把地球上的人乃至整个宇宙全部涵盖在一起的大圈子。这个世界不需要王者，不需要霸者。应当是由自然秩序达成的和谐，令人各尽其能，从而实现人与人之间关系的和谐。要实现中国所主张的"大同世界"，我们先要让自己站定了脚跟，再帮助世界各族以及遥远的地方的同类，进而联合整个人类走向大同世界。

西方历史上的"霸权主义"

刚刚讲罗马时代所谓的的大同世界，在西洋文化里从罗马时代一直到今天，是西方人理想之中的世界。虽然罗马世界后来紧跟着基督的世界，而基督的世界是全在的、普世的；但这个普世世界没到达以前，本身是神的世界。相对应的人间世界就要有一个霸主，在罗马世界的霸主就是罗马帝国的国王。到后来列国斗争的时候，有个神圣罗马帝国。教皇在大的国家里面挑一个出来领头作为霸主，第一个得到称号的是法兰克王国的国王查理曼大帝，他被教皇利奥三世加冕为"罗马人的皇帝"，成为基督教世界的保护者。这种神圣罗马帝国时期被加冕登位的皇帝，产生于许多俗世君主之间。他们需要特别得到神的恩赐，才能获得担任全部基督教世界领袖的地位。

在神圣罗马帝国的体制之内，虽然是选举制产生霸主，但实际上三大军阀集团——法国集团、西班牙集团、日耳曼集团，这三个集团哪个力量比较强大，就被拥护为神圣罗马帝国的皇帝——这就是选举制推选出来的王者。这种制度有它的好处，皇帝大家凭实力轮流做，不至于老是固定在一家。这种神圣罗马帝国的霸权行使于中古以后，欧洲人往周围争夺领土，进而从海上对外扩张。

以西班牙和葡萄牙为代表的海盗集团、海商集团，他们在一个地方登岸以后，声称自己以神的名义统治并解放了这片土地。于是乎，这片土地被纳入人类的同盟世界。从根本上而言，这种方式是扩张性地拿罗马帝国的中心观念，用于海外领土的扩张，其实是和过去的罗马帝国时代很不一样的。英国人变成霸主以后，神的名义就慢慢退后了。英国带来的商品、资本主义和国际贸易，构成了现代世界的基本规则。这套国际贸易掠夺资源、掠夺市场

法兰克王国的国王查理曼大帝（Charlemagne，742–
814），第一个被教皇利奥三世加冕为"罗马人的皇帝"，
成为基督教世界的保护者。图为查理曼大帝加冕题材
的画作。

的资本主义经济侵略形态，变成了西方世界区域经济的一个特色。

在西方人建构的这套世界体系里，必须要有一个霸主，掌握最大一部分的资源。他要有能力把握住欧洲本土的市场，及欧洲以外各地的市场，最好是把欧洲以外地区的信仰也纳入基督教世界之内。最后人类的共同文化，实际上也就是以西方文化为标准和主导，作为共同世界的价值标准。

西方人这种扩张的思路和想法，跟中国理想的大同世界有些部分是相同的。他们对外扩张的过程是人为推进的，推进的方式是首先实现经济秩序的统一，就是这个"ecumenical order"。在西班牙帝国的霸权转移到大英帝国之后，整个世界经济秩序，就靠这套西方孕育出来的经济制度作为世界市场的共同规律。

今天的全球贸易体系如何形成？

那么我们当前的世界经济是不是有统一的格局存在？实际上一战后，全球经济一体化就开始了——更早一点从海路开通以后，世界各处之前互相不知道的地方，慢慢开始融合、交往、发展贸易。中古以后，东方和西方之间的直接联系主要依靠航运。中国的瓷器输送到红海，在红海那边接轨送到欧洲各处；或者从海上绕过非洲好望角。到了大航道开通的时候，人类的商船才进入大西洋。

近一点也可以从印度洋开进去，商品走波斯湾上来以后向西输送。在中国而言，这就是所谓的海上丝绸之路和陆上丝绸之路，这种贸易路线总共有四条。这种航道和陆上商业路线的存在，已经将世界各处联系在一起，可是并没有完全让世界各处的市场都统一在同一种经济秩序下。

这全球统一的资本主义经济制度，到近代才在欧洲发展出来。这个制度怎么描述？举一个例子：生产中心产出的商品要到外面去卖，外面的生产资源、原材料要拿进来——原材料被加工成商品，其价值就比原材料要高很多。一个是将资源变成商品，一个是将商品推向市场。这两个环节都有问题需要解决：一个是远程的航运和远方市场的推广，一个是这种长距离、大范围的商品贸易要共同遵守的一些规则。比如说，远离自己母国，两个不同国家的商品碰到一起，大家要遵守同一种贸易规则才能达成交易。不能说按照你抢我的、我抢你的这种海盗模式，这就不是真正的市场经济规则。所以这套经济规则、运作规则的逐渐形成，花了很长时间。

这套规则最早形成，大概是在地中海里面，意大利那几个航海的城市之中。他们航海的范围在地中海圈里面，然后才经由两个口岸输送到周边的欧洲大陆去。意大利这几个重要的口岸，慢慢就形成了国际贸易的商业规则和模式，比如银行中心、行业联盟，以及船商集中买卖或运输总部的东西出去销售这一套批发制度。

远洋航海贸易，需要经历难以预测的风险。若是能够成功回来，就是一本万利的买卖，回不来就是血本无归。这时候在英国伦敦，发展出海上保险业务。贸易船队出国以前，可以购买一份保险。回来以后，如果亏本了，之前购买的保险里面可以承担一

我们沿用至今的、全球统一的资本主义经济制度，最早大概是在地中海沿岸几个意大利的航海城市之中形成，然后才输送到欧洲大陆。比如美第奇家族的银行，几乎掌控了当时佛罗伦萨的经济命脉。图为波提切利为美第奇家族所作名画《维纳斯的诞生》。

部分，抵消一部分风险。这共同保险的利益在哪里？许多外洋贸易的商人合在一起，风险互相承担，因此远航失败导致的公司破产的情况就少了。

第三个制度是汇率制度：由哪一种货币，作为不同国家间共同使用的基础和基准？最常用的共同的货币标准，是贵重货币比如金银，还有更贵的宝物像珠玉、象牙、艺术品等等。除了金银这两种贵金属多多少少本身具有一定的特点，比如不会锈烂的这类特质以外，很难找到其他天然物品具有不坏的特性。所以，国际贸易的货币标准，逐渐从金、银等贵金属，转变成以金银货币为基准。

各国货币之间的比价方式，比如大家同样用七点二钱银子做成了一个货币，其价值可以视为相同的。上面图案怎么样、是谁做的都没关系，只要重量到七点二钱，它就成为货币单位。这种原始的计量方式，是以一个货币本身的价值来作为它的价格保证。贸易中大家都使用共同的货币，商品的交流、利益的计算、成本的计算，就都可以用同一货币计算了。这种时候，就出现了新的秩序。"ecumenical order" 不再是天然秩序的核心，而是大家都能遵守的经济世界的共同秩序。有大家尊重、承认的共同货币，在这个基础上大家的商品和资源就能共通、共享。

金、银等贵金属在很长时间内，被作为世界贸易中货币的标准。等到后来发展到了一定程度，法国的法郎、德国的马克、英国的英镑变成世界性的货币，英镑占领导地位的时间最长。等到近代世界，我们发现新的商业生产者，比如北美大陆的美国、东

二战以后，建立了以美元为国际贸易中心的布雷顿森林体系。到现在，美元作为世界储备金的地位依然稳固。图为1944年，在美国新罕布什尔州布雷顿森林举行的联合国国际金融会议现场。

方的日本也进入全球贸易网络。英美在各方都有其市场和代理商，俄国也有代理的银行在各处运作，究竟以哪一个货币做结算的标准呢？没规定。

很久很久之前，就是以贵金属本身的价值为准。后来慢慢地只以重要的货币作为参考，但没说是一定以哪种货币作为唯一的参照标准、结算标准。一直到二战以前，大家逐渐走向以黄金储备作为发行货币基本金的制度。这种制度之下，一个国家的货币发行量与其黄金储备是等量的。该国货币信用面临下跌的时候，国家可以拿若干黄金到市场回购货币，这就保证了一国货币价值的稳定。但实际上，从来没有哪个国家真的拿新鲜的黄金到市场上买回来货币——让别国知道自己手上有可以兑换货币价值的黄金就够了。进而，二战以后，货币制度从金本位逐渐转变到多种货币、一篮子货币（Basket of currencies）的模式。这个模式之下，只有有经济实力的国家才有资格参与，一旦参与也就意味着这个国家的国际地位高了，在国际事务中发言权大了。

后来，大家还是觉得这种模式不够方便。二战以后，建立了以美元为国际贸易中心的布雷顿森林体系。到现在，美元作为世界储备金的地位依然稳固。这种国际贸易的货币制度，发行货币的人占了便宜。既然没人限制美元的发行量，等于美国有无限的超额印刷货币的权力，这本身就占了优势。哪个国家的货币变成世界贸易结算标准之一，或者成为唯一的标准，都具有特殊的意义。这就是二战以后新经济制度下，形成的当前世界格局的特殊形态。

　　特朗普对中国挑起贸易战，就是认为美国的地位受到了挑战和威胁。他认为美元作为全球贸易唯一的结算货币，美国全球霸主的地位，这都是美国应得的，这些是美国应该继续保有甚至应不断巩固加强的——他所有的想法都是从这个角度出发的。

问道
许先生

苏德辰，中国地质科学院地质研究所研究员，自然资源部首席科学传播专家

苏德辰：罗马帝国、大英帝国和美国，分别成功领导了一个以自身实力为基础，以本国价值观和文化为合法性支撑的世界等级体系帝国。结合这次疫情在美国的蔓延的情况来判断，美国还会保持领先多久？中国在未来能够获得类似的世界领导权吗？

许倬云：罗马帝国不能算世界霸权，它在教皇的支持下才占领了欧洲的西半边到巴尔干半岛的半边，一直到希腊半岛。大英帝国的霸权，是个遍及全球的网状结构。虽然属地很多，但每个地方靠贸易路线上的基地——比如中国香港、孟买、好望角来连接，一路靠着这些贸易路线上的基地实施它的霸权，基地的后面是军舰，军舰上面架着大炮。大英帝国在剥削中国经济的时候，也是在上海、汉口、广州、厦门、重庆、威海等地设立一个个的据点，大英帝国的霸权并不是全面的、整体的覆盖。

真正算得上世界性霸权的，是美国建立的这套体系。美国之所以能崛起进而称霸全球，也是因缘际会。两次世界大战，导致

老欧洲的传统强国英国和德国两败俱伤。二战以后的冷战时期，美国成立联盟与苏联对抗，北约国家和华约国家对峙了很久，最后硬是把苏联拖垮了。于是，美国终于实现了一枝独秀的霸权。

从柏林墙垮掉到现在已经三十年，美国在这段时间里如日中天，但也浪费得很厉害。用《红楼梦》里的话说，外面看上去花花哨哨、沸沸扬扬，内里已经空了。举一个例子，美国国会预算办公室公布 2020 财年的债务总量，已经达到国内生产总值（GDP）的 98%，2021 年还要增加许多。美国人到哪里找钱去？印美元，因为美元是世界货币的标准。

美国欠的债，让全世界一起来还，这种状况合理吗？持久吗？从这一点来看，美国这个经济体、政治体已经摇摇欲坠。美国已经把日本经济体毁掉了，德国的经济体也几乎被它毁掉了；英国的经济体依附在美国身上，但后来美国在几个重要的关口撒手不管，英国也被拖垮掉了。美国在全世界靠拖垮人家或压垮人家得来霸权，这样的霸权是不能长久的。假如现在的总统特朗普再当选的话，美国在他的第二任期内就会垮掉。美国如果垮掉，会是什么样的局面呢？它欠了世界各国太多的债务，全世界的经济都会被拖垮。

所以中国要做好准备，要稳扎稳打、踩稳马步。到世界经济大崩溃的时候，只要中国能够独立站起来、站得住，只要能多站半年，就有资格整理全世界的经济乱局。我认为中国过去最大的错误，是粮食不能完全自给自足。什么都可以缺，就是不可以饿肚子。现在的中国土地不能不要，粮食不能不要。认识到这个问题，这几年改正还来得及。

宁毅，北京大学美年公众健康研究院执行院长，哈佛大学公共卫生博士

宁毅：现在中美在很多问题的认知上都存在巨大的差异，似乎这样的差异很难在短时间内解决，中美关系的未来其实是蛮令人担忧的。在您看来，作为世界上最大的两个经济体，中美关系在未来三年、五年甚至十年能否改善，还能不能好一点？

许倬云：我对中国有期望：恶人不由我做，关系不由我来破裂。哪怕是中美关系一定破裂，罪不在我，过不在我，我不做坏人，我尽力维持和平。我希望中国能尽到一个世界大国的责任，不做破坏世界的事情。中国自己不要先出头来与美国硬干，这个是很重要的。我希望中国宁可话少说两句，对骂没多少意思，也不能解决当前的问题。不过我相信中国作为一个大国，中国是有自己的原则和底线的。

郝景芳，童行学院创始人，科幻作家，第七十四届雨果奖得主

郝景芳：修昔底德陷阱（指一个新崛起的大国必然要挑战现存大国，而现存大国也必然会回应这种威胁，

> 这样战争变得不可避免）的本质核心是什么？是否可
> 以避免呢？

许倬云：在一个猴群里，猴王到了一定的岁数后，会有一只年轻猴子来挑战它，把猴王从最高的位置推下来。老猴王被推下来以后，整个猴群会把收获到的食物先供奉给新猴王。猴群里永远有战争和更替，不可避免，这是从老猴王到新猴王之间的"修昔底德陷阱"。

在人类历史中，修昔底德陷阱只发生在一个族群里，那就是雅利安族。雅利安族是战斗部落出身，他们是四五千年前在高加索地区养马、蓄马的民族。此后这个地区不断地出现在马背上过日子的战斗民族，高加索人种（白人）就是其中的主干之一。这个民族是以掠夺、争斗、武力压服来获取生存资源，而不是以生产耕作获取生存资源。他们所过之处，城市变为废墟，当地的老百姓受到欺压，被抓去做奴隶、做妻妾。另外一个高加索人种在现在的印度。印度在古代历史的前半段，是南方矮种为主的族群结构。《罗摩衍那》和《摩诃婆罗多》两部史诗记录的就是北方侵入的高加索人种，征服南方矮种时发生的若干故事。战争里面都一样，到最后二号英雄一定会推翻一号英雄。

其实，修昔底德陷阱并不必然出现。欧洲史并非整个的世界史，并非所有的历史都会像欧洲史一样出现修昔底德陷阱。在中国的战争里，二号和一号之间常常在感情上维持非常坚固的同盟关系，关公绝不会挑战刘备，徐达绝不挑战朱元璋。

施展，北京大学史学博士，外交学院教授，外交学院世界政治研究中心主任

施展：请问许先生，您如何看公民权利与国家主权的关系，它在国际上和国内有什么差异？

许倬云：主权是很重要的课题。从历史来看，西方的霸权是以城邦制度为基础的。许多独立的城邦，通过推选决定谁来做头。比如希腊共同体以雅典为主，哥林多、斯巴达是挑战者。两河流域开始就有城邦制度，到希腊时期已经有相当长的历史。实际上到近代国家正式出现以前，欧洲始终是小集团的联合体，但上面要加个框架——就是神圣罗马帝国。神圣罗马帝国的形式类似于加盟体，加盟体内常常会有斗争，之后强者成为盟主。印度国内过去也有很多城邦，到了中东的西边，城邦就不多了。中国基本上到春秋以后，就没有城邦了。中国历史上的春秋以后是国与国之间的关系，相当于欧洲近世的国家，虽然没有以民族为号召，实际上各国是有一些语言、文化上的小的差异。中国在战国时期就出现了主权国家。

一个政治体能否成为主权国家，要看它里面的成员服从的君主（或其他类似权力）的命令是怎么来的。是与生俱来的，还是经由其他方式实现的？例如在美国要取得公民权需要经过归化，不是自然在美国出生的人，要经过法律规定才能取得美国国籍。这是双方面的接受，公民方面愿意接受国家作为他的母体，国家

方面愿意接受新的人作为它的成员。

这时候，公权力是不约而定的一种主权的约束。公权力里面的一些规定通常以法律形式呈现，法律在民主国家就是由合法的立法权代表人民定制。换言之，法律就是人民和国家定的契约。加入了契约、宣了誓的国民就可以享受公民的权利，同时也应尽公民的义务，就此成为共同体里面的一部分。主权国家的公民与主权国家的关系是先天定的，你生在哪个国家就取得哪个国家的公民权，你就是履行契约的对等体。这个契约的两边，一边是主权国家，一边是民权、是老百姓。

但城邦就不同了，城邦是要靠有能力的国家作为盟主来保护、来号召大家。主盟的国家能够负担大部分国王的责任，也能保护公民在城邦集团以外地区不受欺负。这与主权国家的公民权不完全一样，是间接的，中间隔着一个本来的母体。城邦联盟的主盟者，并不能完全要求会员城邦、加盟城邦的公民一定遵守它的法律。公民权是很直接的、双边的；城邦里的个体公民权利是间接的，由会员国本身的国籍而定。

联合国的前身叫国际联盟，发起者是美国总统威尔逊。等到国际联盟发起成立了，美国国会认为：不能因为总统签订一个条约，就把本国国民置于国际联盟会议决议的限制之下——国际联盟会议通过的法律，我们概不接受。威尔逊很尴尬：他发起成立了国际联盟，但美国并不参加。后来由罗斯福与杜鲁门组织的联合国就不一样了。联合国里面有四个常任理事国（美、苏、英、中，法国是后来加入的），由四巨头共同决定政策。联合国表面上没有盟主，但实际上的盟主是美国。美国一开始就管不住俄国（苏联），后来也管不住中国，只有英国、法国跟着它跑。联合国变成了没有牙齿的城邦联盟，它不能约束会员接受它的法令。

联合国曾经有人提出，世界公民可以申请世界护照，就是联合国的公民不属于任何国家。绝大多数会员国都反对这个想法，反对绕过祖国的约束直接加入联合国。所以，到现在联合国既无领土，也无税收，也没有军队和法律保护它。各个国家都认为法律给予公民保护，公民对国家有缴纳赋税的责任，以及享有作为一个共同体里的成员应有的一切的待遇包括社会福利等等。这个只有在主权国之内才有。

> 施展：我之前一直读您的关于西周的研究著作。春秋战国时期各个诸侯国变法的时候，那些君主涉及一个问题：怎么把内部秩序控制住？同时怎么样去跟外部其他的国家博弈？内部跟外部两个方向的任务，经常是彼此之间矛盾、冲突的。在这种情况下，如何才能保持两个方向的均衡？他们是怎么做的？我想听听您的观点。

许倬云：从西周的历史来看，有阶段性的演变。第一个阶段是初期将各大部落纳入周王朝的分封制度下，许多不同的部落联系在一起，以政治的纽带形成一个网络。经过不断尝试，他们终于找到一条途径：利用亲属情感与实力综合，纠缠交织为大小网络叠合的巨大网络群体——宗法与封建关系的聚合体。

　　同一姓族里，婚姻纽带跟亲属纽带联系在一起，异姓之间有婚姻结盟，同姓之间以尊卑长幼定次序，这就组织出来一个超越政治的团体。这个团体是亲属团体加上婚姻团体，以血脉维持的政治、社会结构。血脉结构总的要领是，大家共同的、最大的祖宗——也就是周人的祖宗得到了天命。天命赋予周人一个使命，以周人这个族群为核心，联系许多部族构成一个和谐的天下。大家都是兄弟姐妹、亲戚朋友，不要再争斗，要协商共处。所以，经常每隔多少年就有一次会盟，各诸侯国在周王那里见面，各自敬自己的祖宗，并一起敬周王的直系祖宗。周人以祖先的名义来建构的这个网络，是超越政治之上的大网络。后来周王又进了一步，用社会结构来笼罩在政治结构之上。

　　第二个阶段，是周公与孔子共同打造完成的一个天人秩序。周公起了头，孔子把它完善成了一套理论。他们认为，"天命"实际上就是老百姓的支持。老百姓的支持本身就是一面镜子，这面镜子反映了天给君王的使命。这个天命是宇宙化的、道德意义上的，君王有资格抚恤老百姓，安定国家内部的秩序，确定一切事务的合理性。这些使命君王都能够做到，天下秩序就能不断地容纳新的族群进来。

　　这套天下秩序没有边际。一个新的族群进来了以后，就可以跟其他族群通婚。同姓不结婚，异姓可以结婚，结婚之后二者就慢慢融合在一起了。西周四五百年之间，每个派出去的诸侯的子孙，都要跟当地的土著的族群缔结婚姻。像孔子本身是宋国人，祖上家里遭遇政变，才跑到鲁国去了。孔子是子姓，鲁国是姬姓，姬姓跟子姓在征服战争完成以后，也跟其他姓族一样互相通婚，所以孔子能够跑到外婆家去。在鲁国，当地还有许多其他小族群，整个鲁国就是许多杂姓经过交配婚姻而构成的复杂体的代表。复杂体里面有复杂体，复杂体外面有复杂体，许多复杂体合群的组织就构成了天下。这个天下的意识没边没际。

没边没际的天下意识，是中国特有的。而这没边没际的分界也结成一张网络，这个秩序是人世间的，是婚姻、亲戚、朋友、感情、君主、臣子种种关系构成的复杂体系。这与西方以上帝作为天下秩序的源头不一样，上帝作为天下秩序的源头，你管不了上帝。人世间的君主作为天下秩序的头，你管得了人世。一个超越政治的、以文化为基础的天下秩序，使中国从春秋的民族国家到战国变成天下国家，到秦汉以后有天下国家的意识。天下国家秩序的底盘从来没有变，而中间有大的锁链，就是组织管理阶层。周公组织了一个当时世界上独有的管理制度：东都成周有政府，西都宗周也有政府，他自己两边来回跑。他跑到哪边，他的秘书班子就跟到哪边；留在当地管理的组织就能活起来，从那里发号施令。换言之，这个国家有超越城邦（或会员国）的全天下的管理集团，也就是中国几千年来最为长久，至今没有断过的大的官僚系统。

我在念书的时候，韦伯的理论刚刚传到美国不久，有一位年轻的教师彼得·布劳（Peter Blau）开设了这门课。彼得·布劳在介绍韦伯理论到美国的时候，把官僚制度的合理性当作是一个主轴。经我的老师介绍，我和他讨论了中国的官僚制度。中国出现过几千年连绵不断的，从选取到任命到考核到养老一连串的官僚制度。中国的官僚制度完备长久，有设计、执行、审核：三阶段的过程，有一等、二等、三等、四等、五等的考核评价，这些都是在中国的传统中一直使用的模式，而且在不断改进。彼得·布劳对中国的官僚制度很重视，讨论到韦伯的理论的时候，他说中国的官僚制度是"理想型的理性的制度化"。

第六讲

全球化的市场经济

能持续存在吗？

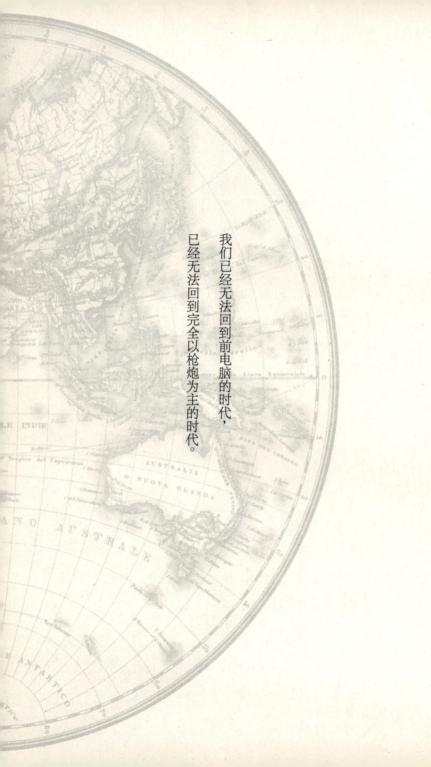

我们已经无法回到前电脑的时代，已经无法回到完全以枪炮为主的时代。

经过这次疫情以后，世界市场化的情况将会如何？首先，我们先讲各国对疫情的处理方法。中国虽然有过疫情迅速局部化蔓延的情况，但在政府的强力管控、干预下得到控制，疫情没有进一步扩散。

美国的疫情严重程度世界第一

美国疫情是后面才爆发的，可是就最近的情况看来，美国灾情的严重程度全世界第一。原因是这个灾情发生以后，特朗普指挥失当，他耽搁了防控疫情蔓延的时机，他走的方向也是错误的，而且跟专家的意见不断发生冲突。可以说到现在为止，美国的疫情控制在全世界是做得最差的一个。美国的受灾总人数还在增加，而解决方法到现在还混乱不清。而且连基本的医药需求、设备需求都得不到满足。在美国这么大的国家，这么高度工业化生产的国家，居然连生产的口罩都不够用，居然连通风系统都不够用。而且，到现在还没有看见，究竟什么时候可以有治疗新冠肺炎的特效药，以及预防病毒的疫苗，这是很可怜的情况。这个情况下，哪怕全球其他地方逐渐恢复正常化，美国能不能恢复正常化都是个问题。

好在美国各处的学校恢复上课了，学生们都是在家学习。一个学期里面的大多数时候，他们需要经由电脑在互联网上，大家一起学习、讨论。经过这一次的混乱情形，许多城市被封闭了，中央政府和基层缺乏沟通，政策的混乱使得市场的供应几乎完全被颠覆，许多小商店以及小公司纷纷关门。

这种疫情蔓延带来的伤害，已经严重影响到大工业的生产。因为不能正常地放开生产线，恢复生产线的工作，只有自动化的工厂可以解决这个问题。尽管如此，等产品出厂以后，分类、仓储、运输、销售等环节都离不开人力。所以说，这次疫情对美国的经济体伤害极为严重。

股票市场虽然曾经一度看上去很红，莫名其妙的红，股价上涨也不知道是什么缘故。但前几天我们看到，股票指数重重地跌下七八百个点。换句话说，疫情对美国经济的损害愈来愈严重。而总统竞选期间，许多冲突、矛盾的消息，使因为族群观念、因为种种原因走上街头抗议的人，他们和警察之间的冲突不断，这也造成了全国性的对立。

我觉得，特朗普总统希望这次全国性的对立可以持续下去，因为他可以用这个局面，拉拢一部分人作为他的支持者。于是，这个国家因为灾情而造成的分裂和混乱还会延续下去。但在全世界别的国家都已经逐渐恢复，本来的全球市场正在逐渐修复的时候，最重要的"玩家"（player）美国，在这三四年来不断地破坏全球化发展的方向。

被拖延的全球化，终将回到正轨

全球化的市场经济，在美国还不能回归这个大网络的时候，这个结构是有缺陷的。别的国家的人，也一直在等待这个市场化的重现。比如中国，已经愿意再恢复到全球化的上下游合作、分区合作、垂直合作等模式。中国和其他国家都正在努力一点点地恢复这个全球化的秩序和结构，可是中间缺少着最重要的伙伴，这个伙伴就是美国。

不能顺畅地参加全球贸易的话，对美国本身的经济产生的损害比对任何国家都大。在全世界各处努力恢复元气的时候，美国跟每处都在做对。那么美国经济的发展不会顺畅，只会更加衰落下来。一国总统采取民族化、闭关化等等趋向，如果按现在这个趋势走，后果将是置美国于世界之外。而且，会相当程度地阻挡、延迟全球化发展的进度和方向。

日本是全世界工业占比很大的一个国家，日本的汽车曾称霸全世界。他们生产的汽车、通信工具、船只……我们说得上来的产品，日本都有专门做这个的公司，而且做得很好。我有一个朋友是驻日本的记者，他在个人的调查中发现，日本有几十上百家的大厂家、老字号，有的是明治维新时就成立了，到现在一直延续下来。这些企业都站在时代的最前哨，争取生产最需要的一些工具和产品。这几十上百家的老字号，都在改换他们的生产品，都在调整他们生产的方向，针对当今世界的需求组织生产新的产品。举个例子，松下（Panasonic）本来是生产电子工具的厂家，今天它要生产将来农耕基建所需的产品。还有许多本来生产纺织品的公司，转化到其他方向的生产上了。如此种种转变可以看出，日本在全世界新的市场下将会是什么局面。他们在未来不但不会

日本很多企业，都在针对当今世界的需求组织生产新的产品。比如，松下（Panasonic）本来是生产电子工具的厂家，今天它要生产将来农耕基建所需的产品。图为老照片里的松下电器广告。

日本建筑企业金刚组创建于578年，是现存世界上最古老的家族企业，以建造佛寺为主。图为金刚组员工工作现场。

缺席，而且会先走一步。

我们看中国最近的工业化，发展过程十分迅速，出现了许多大的工业企业集团，但是他们之中很多现在都在投资做人工智能等。当年世界上很多企业，都是从石化工业慢慢转变到电子工业，以至于转到最近的资讯工业中。他们也取得了很好的成绩。中国企业采取的这种方式，也是面对着全世界的市场，经过数字化的沟通和网络渠道，让不同产品之间的信息互相交换，产品的上下游分工实现紧密配合。一个产品里面用的零部件可能需要几十上百种，具体哪一个需要哪家单位去生产，这种上下游的分工切割得非常细。

没有一个全球化的信息网络，就不可能做到全球化的商品分工，也不可能做到全球化的生产过程的分工。如果全球化被强行中断，整个的生产的规律就会停滞，或是发生很大的变化。

特朗普强调美国要做龙头，不许别的国家占着龙头的位置。所以威胁美国最大的一方，他就抵制得最凶。现在他认为中国在未来可能成为美国最大的威胁，所以抵制中国最凶。他对德国也是如此。他认为德国是发展得最迅速，最能赶上工业需要、全球化需要的国家。于是他抵制德国，抵制得非常厉害。

但是，被拖延的全球化还会进行下去。全球分工将会相对地减少战争，参与全球化获益的各方都会觉得互相合作的利益大于互相斗争乃至互相毁灭。但是特朗普思考的方向是反着来的，他是逆时代、逆潮流的想法。所以，在他手上本来已经进行得相当顺畅的世贸组织以及各种地区性的合作组织包括北美自由关税区，如此种种双边或多边的区域性、全球性的这种大的合作组织、合作机制，在特朗普时代都受到了破坏。

美国强行退出一处处国际协定，以关税和军事威胁等方法压制一个个国家和地区，意图巩固独霸全球的局面。本来美国是这个全球化的领头羊，但现在美国的所作所为，却是自己在损伤肢体。他本来安坐龙头大位，可以占尽便宜的位置。现在，美国种种举措，却不断自外于这一自己带头的体系。

特朗普总统觉得全球贸易里别国赚取了利润，就是抢了美国的生意。他的贪欲，在美国是全球化最大受益者之时，还妄图让美国独占全球化的好处。他没想到的是，美国之所以是最大的受益者，前提是全球化的利益由各国分享互利。若是砍断别国获益的来源和机会，美国自己也再难分享到全球贸易中的益处。

这一"全球化"的趋向，在近二三十年来本来口号叫得震天响，大家认为这是不可避免的大方向。但是在特朗普执掌美国的过程中，这个方向不断地受到搅乱。可悲哀之处是，本来应该是领导世界经济的龙头之间相互刺激、彼此增益，共同带领人类往前发展——如今，本来众多的龙头可能变成了独龙，而且是孤独的、野外的龙，自外于全球体系。

"群龙无首"，这是《易经》里面的话。没有真正的、唯一的领袖，全世界的国家之间自由合作、自由组织，对大家是都有好处的。但是特朗普认为，群龙都要听他一条龙的话，使他独占庄家的便宜。为了实现这个目标，他宁肯使得全球化的体系受到破坏，哪怕最后被开除的是美国自己也在所不惜。如果美国真的被开除于世界经济圈之外，受苦的都是老百姓。

美国当今种种举措，将来会发现是场噩梦

回顾历史前例，我们不是说没有见过类似的情形。在汽车刚刚发明的时候，还不知道用什么引擎以及什么模式做出来，包括做什么形状，三个轮子还是四个轮子？前驱轮还是后驱轮？用电池驱动、石油驱动还是怎么样？种种不同想法并存的时候，就容易产生纠纷。那个年代的欧洲，虽然发展得多姿多彩，但几个国家之间互相抵制、互相斗争，尤其是法国和意大利。结果美国从欧洲学来各种不同的汽车生产设备以及设计方案，最终使得美国的福特T型车横空出世，打响了美国一百年来独占市场的第一炮。

同样在我们的认识里，爱迪生被认为是发明之王。但法国人对于这种称呼是不同意的。有些人认为电灯泡是爱迪生发明的，但法国人和意大利人就不承认这件事。这个官司到前年还在打，美国国会通过的法律承认在美国登记的爱迪生发明灯泡这件事违反了《专利法》，灯泡的另外一个形式之前已经在欧洲登记过。回归历史真实，在这方面取得了公道，但这个事发展的阶段已经过去了。

在今天的全球化过程当中，美国无可否认在推动全球的科技合作，进而运用科学技术拉动工业生产。这个总的发展方向，无可否认美国尽了最大的努力，而且功劳甚大。在世界经济史上，

美国从欧洲学来各种不同的汽车生产设备以及设计方案，最终使得美国的福特 T 型车横空出世，打响了美国一百年来独占市场的第一炮。图为 1912 年生产的 T 型车。

美国所提供的发明创造一定是最重要的里程碑。但今天到了快要成熟的时候，美国自己搬石头砸自己的脚。最终来看，特朗普这种做法是不可能取得成功的。因为以这样的领导心态，最后会被美国的老百姓遗弃。他这段时间努力地反对跨国合作、反对平等互利，用关税、贷款、商品贸易种种手段打压别的国家，在将来会变成一场噩梦。或需要等梦醒来以后，美国人才发现是经历了噩梦，但现在特朗普总统还在梦中。

美国设立当前选举制度的理想本身非常好，但有很多的缺陷。其中一个缺陷是，选民并不都是很明智的，越是情绪化的选民越不能理智、理性地做决定。还有个因素，就是信息的传播会影响到选举的结果，有很多消息是越传越错的。竞选信息一路传播的过程当中可能发生误传，而被误传的消息在不同的听众耳朵里会产生不同的反应，进而就会影响到听到的人对投票对象的选择。

这个状态在这次总统大选中正在发生。我们每一个人都看得见其中错误的地方、虚假的地方，尤其是故意由总统自己发布出来的错误消息。特朗普老是讲别人发了假新闻，他自己发布的假新闻其实最多。将来噩梦真正醒的时候，特朗普大概已经被遗弃了，从总统位置上面下来了。

我们可以看到，古希腊的哲学家柏拉图在讨论各种政治制度优劣的时候，他说一个共和国最理想的状态是由"睿智、聪明、正直的"领导者领导政府机构，这个政府机构要反映民意。最佳的情况当然是反映全部的民意，但全部民意不可避免地分为上、中、下三等智慧，这三类人的知识能力有很大的差异。民意的结果，会因为有人有意操作、煽动而发生偏移、扭曲。政治领袖以不同的利益来煽动局部的选民的时候，这个睿智的哲学家最后不会出现，反而出现一批政客主宰国家。最可能的是国家陷入富人专权的境地，甚至是陷入军人专权——当然，还可能陷入能言善道的政客专权的状况。

还有一种情况叫僭主政治，这种政治人物通常是糊涂、荒唐，但有煽动力的独裁者。这种人一旦得势，他的所作所为会毁掉共和国的基础，使得共和国逐渐走向灭亡。这种政治观察，柏拉图放到他老师苏格拉底嘴巴里面讲出来，实际上是他自己的意见。僭主政治在希腊出现过两三次，美国正在出现同样的僭主。特朗普这种人掌握政权以后，他会尽量把权力收拢到个人手上，会费尽心思地以错误的消息、情绪化的考虑煽动老百姓，使得老百姓做出错误的选择，授权给他做出种种的大事情。后果则是，他的所作所为害了整个国家。当今美国正在发生的种种，就是正在祸害三百年来的美利坚合众国体制。可惜的是，当有一天我们终于把这些错误矫正过来的时候，已经丢失了多少好的岁月，丧失了多少好的机会。我们来祷告，希望在这个过程之中不要因为一个人的冲动而挑起战争。

当今世界大国之间的战争，是世界性毁灭的前奏。如果大家都拿原子弹互相攻击，不要说直接被轰炸的区域，单单只是原子弹爆炸产生的放射性物质，留在地面上、留在云层底下，就可以改变整个世界各种生物的命运，包括人类的命运。这些生物大批地受放射线的辐射，或许不能繁殖后代，也可能变得身体残缺、变得像活的僵尸。日本广岛和长崎当年遭受原子弹轰炸以后留下的景象,和今天可能发生的核战相比,是小巫见大巫。如果现在发生核战争,其惨烈程度超过当年长崎广岛的千万倍。不管你信仰什么,不管你是否有信仰,我们共同祈祷不要让这种情况发生。

全球化是人类已经实践很久的事情

生产分工和资源分配的全球化是在所难免的情形,而且人类已经实践很久了。最近二十年来,大家实际上都在一步一步地走在全球化的路上。世界贸易协定、各个地区的各种协定,都是为了实现这个目标而设立的。国家与国家之间的免税或者是政策优惠,各种大的、小的、集体的或者是在全球性共同的规则,或是在联合国笼罩之下相互合作,大家都在做同样的工作。

一直到特朗普上台,他自己破坏了许多关税协定,也退出了很多区域性的合作协定,不断地突破全球化的原则,抵制他国商品。他尤其喜欢挑中国的毛病,觉得中国的崛起对美国的发展不利。他认为不能让另一个国家来损害美国的利益,美国的国家利益最高。特朗普所做的这些事情,使得全球化的工作没有办法进行,碰到许多过不去的难关。全球化这个事情已经是到了无可挽回的地步,全球化是不能回头的工作,必须要继续前行。特朗普的任期是有限的,他的任期结束以后,如此种种逆全球化的举措应该会得到调整。

过去,国与国之间用关税来抵制全球贸易,或者是用选择性的优惠政策来帮助国内产业。其实这些都是路障，使世界上商品的交流、生产、分配、上游下游的分工都受到影响。现在，我们有新的全球化交通的利器，这种世界各地区相互配合的贸易、生产，应该能够比过去做得更好。

我记得刚到美国的时候，看到艾森豪威尔（Eisenhower，美国第三十四任总统）将军新建了连通全美国的公路系统。高速公路上有服务站和加油站，四通八达。美国在这样一个大的网络之下，每一处和另外一处很容易连接在一起。过了不到十年，飞机场里小飞机也变成了大飞机。在美国，各处都有大小的飞机场，飞机班次越来越多。最甚的时候，那些相对偏远的地区或中等城市的机场，差不多每小时有一两架飞机升降。几乎全美国的各处乃至全球的各处，在转一次机甚至是不转机的情况下，就能顺利地从此地到彼地。

全球化的过程，是以海运的畅通作为保障的。从一般的货船转变成装载集装箱的运输船，运输船的吨位越来越大，载重量越来越大，而且卸货的码头也不在普通的岸边，要到大的货柜车停靠的地方去卸载集装箱。集装箱、货柜船、货柜车的出现，减少了中间仓储的环节，因为一个个集装箱本身就是货柜。

海上航运上的这些进展，再加上重型货运飞机的发明，相当大部分的货物由飞机载往他处，这些是全球化的第二个阶段。在硬件设施上，可以看到有船只、飞机、铁路、公路；而与之配套的软件设施则是各国之间的协定，互惠、互通、免税等规定。

互联网技术使得全球化更为便利、彻底

如今，随着互联网技术的进步，电脑和智能手机出现以后，一些国家之间商品不单是依靠传统的销售渠道，商品通过网络渠道也能很快销售出去。而且生产过程上下游之间的分工和协作，也变得越发简单方便。近年来的全球化，是手机带动之下的全球化。尤其是第五代手机出现以后，我们可以看到商品贸易比以前更加简单方便。一些工厂生产的产品，不再是把所有的生产环节都放在一个长廊一样的厂房里。早在 1930 年，工业生产就开始有了很长的厂房，里面分了一些生产流水线，每一个工人只做一个步骤的工作，动作又快又标准。现在这种集中在一个厂房里的分段工作，已经不必全部在同一厂家完成了。只要这个地方做好了，运到下一个工作站可以做下一步组装。许多国家不同的产品零部件可以拼合在一起，成为一个完整的商品，这就是生产过程的上下游分工协作。商品的流通过程也一样可以分为上下游各环节，将产品分配到大盘、中盘、小盘。原来的工业生产从原材料供给到商品到货，这中间不知道需要中转多少地方。随着全球分工的细化，信息技术的进步，再加上生产自动化的发展，人工智能就可以帮助人类完成分类、分配、分线的工作，现在这个工作已经做得相当彻底了。

今天不被互联网服务覆盖的地区，在全世界已经不太多了，这种依托互联网的合作应当是跨全球的。所以"云端"的这个"云"，不是真正的一片云，而是无线电波集中的地方或者可以干预的地

方。光纤技术的发明，让全世界的信息连通成为现实。很荣幸我认识高锟高先生，他是光纤技术的发明人之一，这是很了不起的贡献。

这种情况，使得跨城市的协作可以在网上实现。这是一个大的网络，从原来的商品生产，一直到最后到达使用者手上；乃至更前端的原材料的勘探、加工制造等流程，都可以用无穷无尽新的设备去得到相关的资讯，这在过去是不可想象的。现在我们还能基于大量数据的云计算，使得资讯很快可以被消化、被分类，形成一个分析结果供人作为做决策参考。

上述种种说明，假如全球化被终止，全球经济贸易也会停止。所以，只有把全球化做得更好更快，才是有利于全人类的方式。

美国称霸全球的三个基本面，两个受到了冲击

国际资本的全球流动，背后也需要依靠全球化的资讯流通，这个也不是能停止得了的。所以我们必须要高兴地说，我们有这么多的工具，来保证信息、资源在全球实现流通。可是最近遇到的难关是，特朗普上台以后，常常自恃过去美国的优势胡乱作为。美国的全球霸主的地位之所以能维持不倒，有以下几个原因：第一，因为高科技的人才集中，高科技发明的贡献全世界第一；第二，美元是世界货币；第三，美国的军事力量全球第一。从软的科技实力，到唯一的全球货币霸权，到雄厚的武装力量，有这三个层面作为支撑，美国的霸权地位是无可撼动的。

可特朗普上台以后，他认为世界各地工业生产的分工合作，导致许多美国工人的工作机会被别国抢占了。所以他希望把这些工作机会带回美国，工业商品由美国人发明，在美国制造再从美国高价卖出去。你们用别的方法赚钱，赚了钱来买我的东西过日子，这是他完成一个霸主梦的最大的一个背景。他这个霸主梦为什么刺激人？因为美国领导下的全球化发展得很迅速。但由于他的行为，前面三个支撑面里的两个被冲击到了。

经济全球化以后，美元因为周转而必须高度地国际化。资讯全球化以后，美国军备上的优势不一定能够平衡经济上的优势，或平衡其他的短期需求。人们对和平的愿望越来越大，普遍不希望打仗。这时特朗普要回到帝国霸主身份，就开始强行改变这种全球化的分工协作体系。

特朗普上任以后，取消了国与国之间的双边协定，提高关税作为贸易壁垒，要求独占各种利益，还要以背后的武装力量和金钱力量来驱赶他的敌人，压迫将来可能挑战他的新生势力。在新生势力里面，他认为中国是最大的力量，所以中国变成他最大的压迫对象。但是，特朗普如此的作为其实是白费功夫。今天的世界已经发展到了这个地步，这么大的网络已经成型了。所有加上去的新的东西，应该是使得它更完美高效、更周全快速地运作，这是有益于全人类的事情。我们已经无法回到前电脑的时代，已经无法回到完全以枪炮为主的时代。

现在世界各处都多多少少受到了疫情的影响，全球经济大受损害，尤其是美国受到的损害最大。中国在这几个月已经恢复元气，从武汉的封城到重新开放只用了几个月。但美国到现在病例是愈来愈多，因为美国政府不知道怎么封城，不知道封城以后怎么供应生活物资。这么富强的美国，却没有办法生产出足够用的口罩和医疗用具，到现在没有研发出疫苗，也没有治疗新冠肺炎的特效药，这也使美国在今天变成疫情最严重的地方。

世界各国都受疫情的影响，商店顾客稀少，中小型的商店都关门。大家尽量减少活动，制造业停顿了，人们不外出上班了，在家里用电脑、用手机云视频软件 zoom 来彼此沟通信息，处理工作上的事情。但是用 zoom 上班，终究与面对面上班是不同的。面对面上班的时候，有一些小问题可以马上回应、解决；利用 zoom 在网上工作，就没有这么方便了。尤其是病人跟医生之间，虽然线上诊疗时医生看得见你，你也看得见医生，但医生不能隔着电波听我的心脏，至少目前不行。这使全世界的经济受疫情的影响很大。

但我们可以预见世界各地都在恢复，恐怕正好是全世界因为有网络互通互联的关系，恢复以后就会改造世界经济组织的模式，改造世界经济的形态。因为不仅是上下游的产业可以互相配合，还有纵深的各个城市之间的合作，也可以联系在一起。世界性的、多维度的合作网将要出现，而特朗普不能理解这一点。

只要全球的疫情得到控制，我们的经济状况就不是大事情。问题是，一个霸主国家的领导者昧于时势，不能理解真正的世界进步的情况，思维还停留在过去的光荣里，宁可中断全球化进程也不能丢了霸主的地位，这给美国、给世界经济造成了很大的灾害。

我对中国有一些劝告

另外一方面，我对中国也有一些劝告。中国诚然在几十年来进步巨大，尤其最近二三十年的进步是相当惊人的。作为华侨，看到中国取得这样的进步当然很高兴了。中国脱贫了，一个大贫困国脱了贫，社会结构不一样了，这使中国有了新的面貌。当然，这是值得我们骄傲、值得替中国高兴的。

这种情况得之不易，希望大家不要轻率地得意而忘形，以为自己是大国了，以为自己是世界第二强国了。我希望中国要非常谨慎，要小心谨慎地保持继续成长的动力。我们还有许多路要走。

另外，我要提醒一下中国人，有实力成为世界第二号国家的大国确实不多。中国人多地大，先天条件足够充分，确实中国历来也是大国。可是我们也不要忽略人的素质，现在一个印度、一个日本都在挑战、追赶我们。印度有非常优秀的人口，但他们的优秀是建立在贱民阶层连基本的生存都不容易保障的情形之上。下面有非常穷困的底层，上面有非常富裕的高层，印度这个国家没有办法整合成一个像样的现代国家。日本应该是我们的朋友，但不幸做过我们的敌人。我希望将来中日两国永远不要再做敌人，近邻何必做敌人呢？

日本有它的可恨之处，发动过战争侵略中国，这种罪行是无可赦免的。但日本战败以后，我自己亲身经历，讲一点点给大家听听。我们有一条抗战复员的船，这是条属于海军的破船、老船，装运了海军指定的眷属回乡，顺着长江往上海走。这个破船走到了武汉附近，因为江水里面的泥沙淤积，船开到沙里面就出不来了。花了好长时间，才请到了已投降的日本海军，用他们的拖船把我们的船从沙里拖出来，一直拖到汉口，停靠在码头去加煤。大概一百多个投降的日本军人替我们运煤，从煤车上拖到江边的船上，一百多个人像个链条一样，把煤左手交给右手、右手交给左手，一波波一路传递下去，运到我们江边上靠泊在那里的船只的煤仓。我们看到这一百多个人，工作起来一点杂声都没有，一点错乱都没有，精准得像个链条一样。等到吃中午饭的时候，一挥手、一声口哨，他们停下来了，每十个人出两个兵去带碗筷、饭食、便当，分配给大家吃。五个人坐在地上围成一圈，蹲在一起吃饭。吃完饭以后，另外两个兵把碗筷送回车上，其他士兵就地蹲在一团在那里休息，一点声音都没有。再过十五分钟，一挥手、一声口哨，他们站起来马上开始工作。借此机会，我们看到了日本兵的纪律之严、效率之高。先母曾跟我讲，日本不会亡的，它会重启，重启以后会比以前更好。我们中国估摸着还要跟日本较量一次，老人家有这种远见。但盼望这种较量不是枪炮之间的较量，而是在各个其他方面一较高低。

华人获得诺贝尔奖的数目，海内外华人加起来很少。但日本人几乎一年拿一个，获奖者各种各样的学科都有。科技创新的贡献，日本几乎是每一年都有相当重要的发明创造贡献给世界。日本的学校里面培训的学生不需要出国留学，因为他在本土就能学

日本有它的可恨之处，发动过战争侵略中国，这种
罪行是无可赦免的。图为二战中国战场的日军战俘。

得好。今天来看，日本还有一个现象，那就是他们的公司转型转得很快。我有个朋友在日本调查过，一百多家百年字号的老公司，过去曾经很辉煌的公司现在都在改行，从汽车、轮船、肥料、摄影机生产等行业，大多数调整为跟资讯工业、数字化工业有关的企业。

我们知道今天生产芯片所用的材料，跟过去用的芯片生产完全不是一回事。如今许多机器里面使用的芯片比最好的摄影机的芯片还要精、还要薄，透光性还要强。一个重量级的汽车公司可能已经不再生产旧款的燃油汽车，转而生产小而轻便的新能源汽车。如此种种变化，都是在日本国内正在发生的事实。

我们看到过去的敌人起来了，我们深为他们感到幸运。同时我们也要警戒过去欺负我们的人，如果我们自己不好好发展，他们可能还会再欺负到我们头上。一方面，我对自己国家的进步感到佩服；另一方面，我对其他国家快速的发展也必须要警惕。

中国的"厉害"是花了本钱的，中国的"厉害"也要防止停顿，中国的"厉害"还要防止国际上被别人堵塞。特朗普上任后的种种倒行逆施，只是暂时的现象。云过以后，天上还是明月满空。但世界在永远不断地竞争，这是在全球化过程中不可避免的事情。

中国要如何在这件事上成就下去？不能原地踏步，不能自豪地说中国人优秀，这些都需要注意。没有一个种族有先天性的优秀——优秀的是文化的优秀，不是人种的优秀。而文化当中，一个地方的优秀同时意味着其他地方的缺点，这都是需要我们警惕的，需要我们注意的。

大家知道，我今年90岁。我对今天世界的转变看得头昏眼花，但是还要保持自己清醒。变化之中可能是机会，变化之中也可能是危机。所以我们要警惕，要小心。这几年来，我们对外交涉拿捏的分寸还不错，我们既不要过硬也不要过软，一切都要在适当的分寸上把持住。

问　道
＋
许先生

唐世平，复旦大学国际关系与公共事务学院教授，教育部"长江学者"

特聘教授

唐世平：2008 年金融危机和 2020 年疫情之后的全球
化会有比较大的改变，以后的全球化和此前的全球化
应该有所不同。在这样的背景下，世界各国对全球化
的适应与调控将不同，人类社会与生活方式会有不同。
对此，许先生您怎么看？

许倬云：这是个大课题。第一，整个瘟疫以及最近发生的两
次全球性危机以后，我们更加了解到全球是一整块，谁也离不开
谁。瘟疫的传播不会因为国界线停下，它是无处不到的，对穷人
和富人也不会差别对待。全世界结为一体是无可否认的，而且它
还在继续进行。

第二，美国一直在调节自己的市场结构。美国曾经有过大卖
场、大百货公司，慢慢发展到大批量的国外产品进来，在沃尔玛
这样的连锁商超廉价销售。等到最近，亚马逊的送货到家服务抢
了许多实体店的生意。这次瘟疫以后，商品从中小型店家直接到
消费者手上，这个商品流通最后的一环将会慢慢被取代。下一步

我估计，快递配送到家的业务会发展得更好。因为可以在网上选购、网上配货，最后一公里可能会分区建小仓储供用户自己取货（类似国内的快递柜），或者加一点钱直接送到家门口。我看将来会是这样的发展方向，实体店会被进一步削弱。

都市化现象是逐步集中、逐步扩大，现在是反方向而行之，商品直接从生产者到消费者手上，减少了许多中间的过程。这个大的改变好处和坏处都有。好处是全球性的运输、全天候的周转很容易，坏处是人跟人在大都市里面是"比邻若天涯"，隔壁的人都不见面。将来这种情形会更甚，除非特地约好朋友见面，否则人与人之间就不会再见面了。像我们和朋友过去两三个星期谈一次话，在家里会餐或者到公园里见面。现在因为瘟疫的关系，很久没有见面了。都市可能会慢慢解体，全世界变成许多大网络、小网络串起来的结构，每一个人都是网络的终点站。

今天的许多广告要慢慢消失了，商品的销售要靠其实际的品质来决定。在商业世界，很容易判断哪种商品有销路、哪种商品没有销路。而因为输送网之间要加快拣选、配送、退换货的速度，这些人工来不及做，就要加大自动化的投入。将来整体上全球化不会变，会进一步转变成全球化和网络化。互联网、人工智能、数字化这三个东西叠加在一起，笼罩在人身上，这个改变很大。改变人的生活方式要在这方面着手的话，会很容易下手。

将来的战场是没有硝烟的战争，网络战争我预估会出现。将来世界秩序要怎么调控？可能要通过国际协作、国际合作来实现，像特朗普的这种霸主性的做法行不通了。将来的世界会和今天不一样。学校的教育要更多地讨论怎么利用信息，而不是被信息所用。人与人之间的信用、信誉、信任，不能再靠当面握手谈话来识别，要靠对过去的信用自动化的核实和核对。人与自然环境的关系会逐渐减少，而人对网络信息的依赖和使用会增加。人工智能加上大数据的云计算，会使得人跟自然的结合是经过这套东西（信息、人工智能、云计算）的分析，而不是直接经由情感智慧得到了，这是我的预测。

调控全球国与国之间的经济、政治关系，一方面要靠大家合作，另一方面要靠另外一套知识——信息数据方面的、社会方面的、经济方面的知识，还要有历史文化的自觉性。未来世界各地的文化会慢慢混同，彼此学习对方文化中好的一面，丢掉坏的一面。我希望人与人之间不必对立，要形成和谐相互的环境。中国文化是和谐包容的，我希望中国的这部分文化有一天可以扩而大之，被世界各处接受。

唐世平：从 1978 年到 2010 年期间，中国的崛起很大程度上得益于二战后的全球化，和中国基本被西方大致接受。如今的情形有很大的不同，今后中国的发展可能会受到不少限制，这也是"双循环"政策的背景。不知道许先生怎么看这个问题？

许倬云：中国是大国，在发展最快的那一个时期，如果没有很大规模的内循环的空间和资源，中国不容易跨过门槛。中国之所以能够走到那道门槛，有本身的资源、政策支撑，有大量成本低廉的劳动人口，这是非常了不起的。海外华人因为血浓于水，许多专家学者都在投入那一段重建工作，都多多少少有贡献。

所以，将来内循环与外循环之间要有华人循环，这个群体的力量不要小看。把海外华人世界与内循环套叠在一起，对双方都有利益。外循环方面，我们当然希望开放投资，世界的生产基地移到中国一部分，中国的生产基地移到外围一部分，大家彼此间分工合作。"一带一路"不要只是当作我们的工具，而应该将其看作全球的公器。我们修的路我们受益，但不要把这条路当作束缚人家的工具，也不要当作国际争霸的武器，那样会遭人忌恨。我希望中国能够尽量与人为善，尽量与人合作，合作总比对抗好。现在中国将这个作为合作提议，我觉得就非常好。

沈康，高山书院 2017 级学员，朗闻投资管理合伙人

沈康：现在我们被迫和美国处于对抗性的局面。除了鼓励美资企业撤出在中国的投资，鼓励美资企业与其他发展中国家建立供应链以外，您认为美国在经济层面还会对中国采取哪些措施来遏制中国的经济发展？您认为中国最应该担心的是什么方面？应该如何应对？

许倬云：我想在纯经济层面：第一，美元是世界货币标准，

用美元来操纵全球经济是它的工具之一；第二，当代商品中的科技产品有专利权，而且专利权很难切分，你中有我，我中有你，美国可以拿专利权做文章限制中国的发展。当然，美国最厉害的还是拿美元做文章。美元本身已经超发，作为世界货币它不需要发行这么多。超发的部分美国用来发展军事和工业——一手拿着钱，一手拿着远程导弹。这部分的钱，最后转嫁到全世界使用美元的人的头上。

现在我们正在经历从来没有过的局面：世界的全球化找不到一个美元之外的标准货币，黄金不够用，石油不够用，一篮子货币不好用，美元一家独大更不好。我有一个想法，由全世界出钞国家前五六名在联合国机制里成立一个信用合作（Credit Union），国际商品交易的时候用"Credit"代替两家共同接受的货币，或者用其他商品代替，摆脱美元独霸的局面。我的想法来自中国的"打会"，这是一种中国民间比较原始的资金互助方式。

罗旭，高山书院 2018 级学员，纷享销客创始人兼 CEO

罗旭： 全球化市场经济让绝大多数人受益，理论上应该是未来的趋势，但当前全球化的逆流趋势明显。您觉得本次逆全球化的趋势，在危机过后是会烟消云散，还是真的将进入历史性周期的拐点？

许倬云： 逆全球化不是历史性的转折点，也不是突然发生的意外。从现象方面讲，逆全球化也是全球化的一部分。如果今天没有这么多空中飞机来往，没有这么多旅客来来去去，没有这么多国际交往和许多商货运来运去，许多疾病的传播没有这么快。没有资讯的全球互联的话，可能这次疫情死了一千万人大家都还不知道。各种病毒随着人口加速流动在世界快速蔓延，是全球化里面恶性的"副产品"。

口罩这种东西连工业品都谈不上，为什么到今天美国居然口罩不够用？这是荒唐的事情。这都是各地的经验、各地的设备没有得到合理的配置导致的，很可惜。很多国家遏制或者延缓病毒扩散的机制没有传输到别的国家，有的国家像美国也不肯学习。如果好的机制能够传输到别处，大家一起学习、使用、提升这套机制的话，疾病控制就容易得多。但这样的逆全球化并不能算特例，只能说是全球化过程中的一部分。

第七讲

新技术、人工智能

与人类的未来

目前我们运用人工智能的情况，就等于是希腊神话当中普罗米修斯掌握用火的能力。

上帝很愤怒——你们知道用火了，以后我的地位怎么办？

人工智能是最近很热门的课题。最初，大家用电脑来处理大批量的数据，希望从大数据中里寻找到少量数据不能积累出的逻辑——什么是对错，什么是未来的发展方向，什么是因、什么是果这类的情况。这种分析问题的方式，统计学也曾经尝试过。没有电脑以前，我们依靠人传递的经验。有了电脑以后，这种将大量数据聚合在一起加以分析的方式，则可能更接近真正的逻辑，更能寻找到是非、对错或者是因果之间的关系。

人工智能已经进入我们的生活之中

最近二三十年来，人工智能技术突飞猛进。有人曾经让人工智能团队将过去二十几年所有的围棋棋局、扑克牌局输入电脑加以模拟、分析，最后电脑打败了高段位的围棋职业棋手，打败了高手组织的扑克牌队，也打败过西洋棋、中国象棋冠军。2018 年在中国福州，中国围棋"第一人"柯洁与国产人工智能程序"星阵"（Golaxy）对弈，人工智能赢了；此前一年柯洁还对阵过人工智能"阿尔法狗"（AlphaGo），也是以失败告终。

人依靠自己思考来下棋，也可以做得很好，可是在思考的过程当中，通常只会在自己经验范围以内考虑。一个人类棋手，他阅读的全部棋谱，加上自己亲身经历、体会过的棋局，也就不过几百上千盘而已。用人工智能模拟，非常轻松就超过了这个数量。

　　遵循同样的例子，我们可以看到：在生产线上一个产品的生产过程被切割成若干点、若干段，每个段生产一个零件，再把零件有序地拼起来。这说明在生产线上很简单的重复性工作，我们可以拿一个很复杂的机器，顺利地、合理地完成生产、组装工作。通过把这个工作完全委托给机器去做，这中间的偏差和错误会越来越少，简单的工作用同一个步骤，错误率是很低的。比如用机器控制绞螺丝钉的松紧度，比人工会更精确、更牢固。

　　而在股票市场上，玩股票的高手，手上一定掌握了某一个股票过去几十年、近几年以及最近几天升降幅度的曲线，进而分析出为什么升或者是降。他通过很精确的判断以后，预测到三小时后会降，或明天后会降，一年以后复升，长程短程的局面都可以通过模型预测。在股票市场交易所上，现在交易员的工作方式跟过去也很不一样。

　　这种以大数据分析结果作为决策依据的趋势，可以看到正被应用在工业生产领域。城市里面已经尝试发展自动驾驶汽车，现在是还得安排人去监督它，如果临时发生错误，这个人可以立刻进行校正。可人工智能汽车本身不会疲倦，如果没有意外、错误发生，电脑不会发脾气，也不会想更多路线，更不会被其他忽然发生的事吸引注意。让这种车在闹区里行驶，前几年已经在美国实践过了，匹兹堡是试点之一。三四年前，因为我原来居住的房子发生火灾，我们搬到了旅馆里暂住，等房子修理好了再回来。在旅馆窗口边，经常看到人工智能车在试运行，上面打着黑牌子：

人工智能试车。我们看着它走得像模像样、规规矩矩的，一点错误都没有犯。

为什么现在这种开车的方式还没有推行？我想是人工智能汽车设计涉及很多法规如劳工法、安全法、道路管理系统等法规，还有许多难关要过——不是技术问题，而是条例、法律的问题。这说明人工智能的使用到了第一步，已经上了路了，下面会有更多类似的事情出现。

我们现在依靠电脑管理的大邮轮，有几十万吨的货物在上面，管理人员不到十个。电脑依靠大数据累积起来的经验，已经学会了在特殊情况下如何分析、解决问题。问题在哪里一下就能看见，一下就查出来了，不用再一个个人下去逐个排查。而且，找到错误以后电脑也可以很快矫正。这种便捷、安全的管理方式，在海陆航行上都有极大的帮助。

我们看国家层面，现在的国家也已经采用人工智能及时处理国家财政税收事务。处理大量的经济数据，也是根据许多过去的数据分析得出来的一些经验甚至公式，借此来建立管理、分析模型。这就相当于一个有经验的财政部长，不用看过去的数据，他凭感觉也能知道如何处理；即使新进来一个能干的助手，他拿过去的例子翻出来考虑、整合、消化，也可以总结出一些规律。所以，人工智能已经进入我们的生活之中。这是好的事情，但我们也得考虑其他方面的事情。

人工智能与人的智慧差别在哪儿？

人工智能是什么东西？是由电脑计算仿造出来的近似于人脑的智慧。从哲学上来说，智慧分为"知、情、意"三个部分。知识，是靠知觉引申出来的认知；智慧，是经由对知识的理解，引申出来的方向、角度上的考虑。知识和智慧分主从，又以智慧为主。意志则是在许多可能性里面，选择一个做出决定付诸实践。

从"知、情、意"三个阶段来看，人工智能在第一个阶段——知识的整理上，有极大的功劳。智慧方面，现在人跟人的偏好、好恶、习惯、是非、对错，有许多不同的考虑方向，可能是很主观方面的事情。意志方面更是如此，决定事情要靠自己选择的标准、尺度和方向做出判断。

举个例子，《红楼梦》里面林黛玉、薛宝钗两个人，多数读者认为贾宝玉最好的选择是林黛玉，但当时他的亲人们认为薛宝钗是更好的媳妇、更好的助手、更好的管家人。而宝玉就是只喜欢林黛玉，不喜欢薛宝钗，所以他打死只认林黛玉为他的爱人。所以这就是个人智慧层面的问题，而不是知识和意志的问题。这种层面的情况人工智能在处理的时候会碰到难关，会不知道该如何处理。

世界发生的事情林林总总，一天几千件、几万件。比如一个车在路上翻了，一个小事件里面岔出去的可能性、方向很多很多。如何切割前面的因果链，切割到多远，也是一个可考虑的问题。另外一个问题，是考虑"情"跟"意"的时候，究竟是以群众作为考量的前提，还是以个人作为最大的前提？牵扯到这个事情是个人事件还是群体的事件。这又要考虑到如何做决定：多数人面临共同情况时，做什么样的选择。这就不是人工智能本身可以解决的，内情相当复杂。

从这个方向来看，假如说我们今天选美国总统要投票，一个人进入投票站以前就下决定支持谁了，下决定的过程当中还要看竞选相关的记录、评论、言论。从这个例子也能看到里头面临的难题：国政的复杂是一方面，总统个人处理国政的风格和能力是另一方面；这两方面怎么拼接在一起，谁的估计、谁的分析最可靠，这又是另外一个问题。我们吸收的资讯这么多，都来自不同方向；如果只筛选对我们有利的方向，这也是一个问题。

这不是一个人工智能可以处理的，有许多主观的因素、有客观的因素，很多层面牵扯到后面的"情"跟"意"的问题。还有，大数据的界限在哪里？大数据需要涵盖多长时间段的数据？测出来的方向能够涵盖住多大的范围？这都是我们人需要考虑的。

假如所有的数据资料是一样的品质，处理起来好办；但现实情况是，数据库收集的资料不见得有同样的品质，因为它不是预先设定的。所以，人工智能里有如何处理资料的不足，如何处理资料品质之间的差异，也是比较困难的事情。

拥有海量数据以后，可以减少错误、偏差的比例。但收集太大的数据以后，同样也会面临困难：不知道如何将这里面的资料所含的错误摘出来。这就是人工智能发展过程中，许多专家们要在行业当中去注意的难题。

目前我们运用人工智能的情况，就等于是希腊神话当中普罗米修斯掌握用火的能力。上帝很愤怒——你们知道用火了，以后我的地位怎么办？希腊传说中的上帝是雷电之神，雷电是火的来源。但现在我们人已经掌握了用火的能力，从蒸汽机以后到现在，我们能够越来越便捷地使用火，用火的范围也越来越广。当今时代的我们，已经不是传说中普罗米修斯面对上帝宙斯那样的情形，我们不会被挂在高加索山的岩石上，经受风吹雨打的苦行——我们面临的是我们选择的问题。

人类一路发展到今天，要靠很多智慧。人在生物发展的演化路线上，从一个主流分叉出去。分出来的支流，面对它正在身处的大环境、小环境，不断调试自己适应新环境的条件，生成不同的结构、不同的功能。发展最复杂的一条线，就延伸到了人类了。人类不像其他生物，面临环境被动地做适应，人类可以主动地改变环境。面对自然，人类已经取得了主动权。

在我们的生命进化树上，人类发展到最后一个分杈——猿人到现代智人（homosapien）。"sapien"这词的意思是"能变"，我的老师李济先生拿着英文字母翻译给我们听："homo"是人类，"sapien"是"分别、辨别、决定"，"homosapien"是"有辨别能力的人种"。

"辨别能力"四个字，是如何落实在人工智能上？会面对怎样的挑战？这是第一次我们假手过去人类累积的每一个个案的处理经验，包括知识处理、储存的处理、技术的处理，借助过去无数人的总经验，综合出一个新的人类智慧。这是很了不起的成就，

目前我们运用人工智能的情况，就等于是希腊神话当
中普罗米修斯掌握用火的能力。上帝很愤怒——你们
知道用火了，以后我的地位怎么办？图为鲁本斯名画
《被缚的普罗米修斯》。

但其中也有很大的我们必须要面对的困难。

第一，"知、情、意"是我们从知识到智慧、到意志的三个步骤："知"是知觉和感觉；"情"涉及情感的问题，抉择的问题；"意"涉及我们做出判断以后的决断。第一个步骤是客观的存在，第二个步骤牵扯到自己的情绪、情感，牵扯到做出决定要经过慎重的考虑，这叫智慧。意志也就是"做决定"，我看重哪个理由我就如何决定。

在这方面来讲，佛家对"知"是怎么认识的呢？佛教从开头就怀疑知识和感觉，认为感觉很多时候是靠不住的，有很多错觉、幻觉混入形成感觉，这种感觉并不是直接、客观的观察。这是佛教《华严经》《楞伽经》中所论述的很重要的课题。就像我们吃进去酸甜苦辣咸，但每个人吃酸甜苦辣咸的味道的时候，感觉都是不同的，都有不同的喜恶。从酸甜苦辣咸种种感受建构起来的智慧，就更有差异了。

《华严经》告诉我们，人间有无数的智慧，像无数的天地一样。无数的天地和无数的智慧之间的取舍，我们怎么做决定？一个人的意志、一时的意志、将来的意志、过去的意志，面临如此种种，我们也很难决定。因此，单纯知识的获取对于人生是没有帮助的，佛家的意志是只求慈悲。

中国道家庄子的思想更有特点，他说七窍开而混沌死。混沌是传说中的中央之帝，南海之帝儵和北海之帝忽在混沌的属地上相遇，混沌对他们很好。儵和忽觉得人都有七窍，混沌却一窍都没有。为了报答混沌，他们每天给混沌凿通一窍。到了第七天，

中国道家庄子的思想更有特点，他说七窍开
而混沌死。开了窍的混沌能看、能听、能感觉，
可混沌也就不再是混沌了。现在的大数据处
理信息的模式，就如同庄子所说的"混沌"。
图为古籍中的庄子画像。

混沌的眼睛开了，耳朵开了，鼻子开了，嘴巴也开了——混沌死了。开了窍的混沌能看、能听、能感觉，可混沌也就不再是混沌了。

现在的大数据处理信息的模式，就如同庄子所说的"混沌"。他有自己的错误、有自己的偏差，这个偏差错误是不是必然存在？偏差如果躲不开，该怎么面对、处理它？这就变成很重要的课题。

人类实际上已经掌握了自身进化的钥匙

前面我跟大家报告的时候，说到一位法国的神父叫德日进（Pierre Teilhard de Chardin）。他在中国长期从事北京人的研究，对古人类进化过程的研究很有贡献。可他又是天主教的神父——进化论的观念里是没有神的，但天主教的观念是把神摆在最上面，怎么理顺这两个的矛盾？

德日进对此进行了理论上的调和：他认为在生物演化过程当中，每个物种在每一阶段都由神赋予了特殊的禀赋。从上帝造人以后，神赐给了人类一些能力，是"智"。我们演化到人的地位的时候，具有的能力就是"智"。这种神赐予人类的特殊恩典，德日进以 α 来代表，智慧的人类由此开始；将来人类演化的最终状态是上帝的全知全能，德日进以 Ω 来代表，上帝本身是绝对的"智"的总和。

倒过来讲，这个 Ω 代表的终极智慧已经在那里了。在无穷无限无边的"智"当中，一开始分给人类的只是一小块。这一小块也许能成长、也许会扩大，等到有一天成长到一定的地步，还要交还给上帝。个人的生命终结，是你拿你的"智"交还给上帝——α 回到 Ω。这个理论体系的解释，是违背教廷里神学传统的，所以德日进被教廷开除神父身份，受到教廷的禁闭。回到法国以后，到他死前恢复了他演讲的权利，恢复他作为神父告解的权利。教廷给他的这个惩罚很重，比当年惩罚伽利略的程度更重一点。

当年"日心说"跟"地心说"两种理论的辩论中，伽利略认为地球绕着太阳转，太阳绕着宇宙转；教廷则坚持认为宇宙绕着太阳转，太阳绕着地球转，也就是宇宙绕着地球转。伽利略被教廷问罪上了法庭，在法庭上他被迫跪下忏悔、认罪，他遵照法官的要求念了一堆的条文——我只接受宇宙绕着地球转，太阳绕着地球转。但是他站起来的时候说：可地球还是在动，地球绕着太阳转。

德日进到死也没有承认他的"错误"，他的这个理论对我们来说也是很重要的。人类具有人的智慧，是诸种生物当中进化最后一步的产物。再往后面走，是我们自己拥有继续往前演化的能力呢，还是我们没有这个能力？

假如我们揣摩德日进的话，其实我们已经拥有得到知识、智慧、意志的能力。人类实际上已经掌握了自己演化的钥匙，我们已经从 α 回到 Ω 了。这个神权部分我不能再讲更多了，到此为止。

问　道
　　┼
许先生

张康，高山书院 2020 级学员，澳门科技大学医学院教授，哈佛大学医学博士、遗传学博士，世界眼科人物最具影响力一百强

张康：和美国以及其他国家相比，中国发展和应用人工智能有什么优势和短板？我们如何取长补短？

许倬云：这里面的重点在于：第一，什么是人工智能技术进步的驱动力；第二，谁做裁判。在美国，新技术的进步是市场驱动；在中国，由于政治体制不一样、社会结构不一样，有相当大的一部分的驱动力是公权力，也有相当大的一部分是学校支持和认可的研究力量在推动技术进步。所以，中国和美国在人工智能的发展方面没有长短板的问题，起跑点都差不多。

我对人工智能的认识是——人工智能是利用运算很快的大型计算机，在大量的材料之中挑出我们关心的问题加以分析计算。有关人工智能的问题，基本上都是复杂的统计学，在每个阶段做出"Yes"或者"No"的选择。整个程序很复杂，因为计算机计算速度很快，最新型的计算机每秒钟能运算亿万次。而人类的眼睛、语言的交换速度都没有这么快的，这就是人工智能的优势。

但人工智能本身不能替代人脑。人脑里有许多出乎意料的东

西，每个人脑子里储存的素材很不一样。人工智能要抹杀人脑存储的素材，完全依靠机器存储，使用者往大脑里植入芯片作为输入和存储介质。纯粹输进去的东西是"Garbage in，Garbage out"（往计算机输入一堆垃圾数据，输出的一定是一堆垃圾数据）。人脑很难量度，人脑的容量要比任何机器都大，运转速度也不是任何机器可以想象的。所以，人工智能到目前才是刚刚起步。

论人工智能相关的设备，中美一样多。论相关领域的科研力量，第一阶段依靠大量的人工将数据输送进去，先不管是否能做到有效的输出，这个人力方面消耗非常大。中国人多，比美国雇佣人力要容易得多，可以大量地用人工输入数据，这是中国的长处。短处是问题意识，中国人能否提出有价值、有突破性的问题供人工智能分析、处理。如果中国的这项研究是公权力主导的话，可能我们提出的问题会有局限性。美国是自由的市场经济，他提的问题你不知道会从哪里迸发出来。

所以，基本上还是两个社会、两种文化的不同之处决定了将来的竞争，可是这个竞争没有谁赢谁输的问题。人工智能的使用本身，我觉得大家都会比赛，但人多者取胜。中美两边有基本的社会条件、文化因素约束，但都是要靠大量的工作来证明。

随着处理信息数量的累积，人工智能会持续进步，它学到上一个课题的资料以后不会忘记，处理那套资料学到的逻辑它会持续使用、升级，用来处理后续的数据。有人说：那就应该制止它根据经验乱套逻辑，这样会找不到本来的目的。但我觉得最好不要制止它，人工智能自己设想课题这很好，主动权、能动性很大，如此一来，它就越来越接近人的处理信息的模式了。

可惜的是，我们越来越把人本来主动找课题、主动找答案的权利剥夺了，找了机器来代替人的能力。我们自己剥夺了比今天的计算机能干无数倍的天然机器的能力，就是你我的脑子寻找问题、思考问题的能力。

文厨，高山书院创办人兼校长

> 文厨：我之前见过 Geoffrey Hinton、Yann LeCun 和 Yoshua Bengio 这几位人工智能领域的开创性人物，他们在算法方面有开创性的突破。在科技圈，大家认为科学基础研究还是美国走在前面，国内因为有数据的优势可以更好地进行实际的应用，在应用层面有很多地方比如视觉识别、语音、癌症治疗有可能走在美国前面。

许倬云：对于你刚刚讲的，我也有想法产生。美国之所以把人工智能提上日程：第一，他们的工业自动化生产需要更为快速的设计、生产方案。比如福特汽车过去将生产流程切成十二个环节，现在则细分为几百上千个环节。如今的汽车生产企业装配汽车的速度快了，自动化程度越来越高。每一个阶段切分得越小，动作越简单越容易精准，各环节能很快地配合在一起，零件到点、装配到点，这是工业自动化流程。把不可测的环境考虑在可测知的范围之内，是工厂流转与自动化生产之间的差别。第二，美国交通的管制是比较混乱的，而且交警的人力不够用。因此大家想到，大量的人口移动可以使用自动化智能交通工具来保证有序高效。第三是经济决策的设计。比如，证券交易所里那些股票的涨和跌如何预判？每一秒钟有新的股票交易，新交易的赚和赔跟所处行业全球的赚和赔配合在一起，这些都需要极其复杂的运算。过去股票操作靠交易员的直觉，现在几乎每一个交易员手上都有一套数据系统。机器根据大量的数据一计算，看涨还是看跌，可以很快做出决定。

政府的决策者在战场上应该利用人工智能的大数据运算，在经济斗争中同样如此。这样人工智能能够随着实践活学活用，而且走的方向是各走各的路。多种的需求、多种的条件，决定了人工智能多种的发展方向。

人工智能的智慧与天然的人的智慧之间还有很大的区别。人的记忆存储量之大，不是普通机器能匹配的；人的分析和联系资料的能力之快，考虑之周全，也不是目前的机器能及的。我们对人工智能要寄予希望，但也不能希望它是另外一个"人类"，不能希望它成为超人类的"人类"。

陈航，ReadyAI 创始人，美国厚仁教育集团 CEO

陈航：从 1950 年第一个人工智能程序在卡内基梅隆大学产生，人工智能逐渐带来第四次工业革命。人工智能通过更多的数据分析和归纳，会更多直接同社会、生活、政府产生交互，对我们的工作和生活带来改善和冲击。人工智能与中美文化、社会生活有什么交集？

许倬云：中国政府管理的传统——文官系统起源很早，周朝以前就开始了，但完全成熟是战国时期的国家体制。战国七雄里面每个国家，人口上千万、占地五六个省，都不是小国家，与今天世界上的中等人口国家差不多。他们怎么管理国家？

中国很早就用数据来对国家进行管理，秦汉政府的档案里面有地图、文卷、收税的数据等资料流传下来，还有法律文件出土。欧洲要到近代国家出现以后，才有根据资料、图表、数据来管理国家的经验。中国在这方面的经验很早，萧何打到秦国首都，第一桩事情是占领它的资料库，拿它的地图和收税资料。这一点，项羽从来没懂。他驻在秦国的关中很久，都没有拿这些资料。两下较量，项羽输了。

再谈打仗，大家最熟悉的《孙子兵法》，孙子是第一个主张在战争中使用"计算"的人——"多算者胜，少算者负"。根据手头掌握的资料算得越多，赢的几率越大；算得越少，输的几率就越大。中国历史上，政府分析、使用大资料是家常事情。每一朝的正史都有志书，包括地理志、食货志等等，有关生产能力、收税条件、专利、消费项目等等的资料都清清楚楚。这么详细的资料库，两千年来在中国不断。

我认为，大数据搜集起来不难，将大数据间建立关联很容易。

问题是搜集回来资料一大堆，要储存在哪里？而且资料要能够处理得整齐划一，可以用来计算。真要论起来，我们每天吃饭、买菜用的都是大数据的计算——脑子里面的"人工智能"。选什么材料——"Garbage in，Garbage out"，问什么问题——"Yes" and "No"。这些跟日常生活很有关系，人工智能处理信息的思路在日常生活里可以用手上掌握的小数据延伸到大数据上。

我写的《许倬云说美国》这本书只有三百多页，其实我再写十倍厚都可以，数据都在日常生活中。以《纽约时报》为例，一天的《纽约时报》可以衍生出十八本书，这十八本书所含的信息，可以提供一个将军打一次仗的灵感素材。

王翔，小米总裁

王翔：人工智能的算法和相关的技术近几年来迅速进入了人类生活的各个领域。有些技术的应用可大幅度提升工作和生产效率，改善人类的生活品质。但另一些可能会伤害个人隐私，甚至和其他基本权利发生直接冲突。人类应如何应对？

许倬云：真正的大数据算出来的东西是不属于任何个人的，而是属于人群的。大数据算出来的是某一个时代、某一个地理环境里面，某一个群体、某一个工业（或产业）的情况如何，或者某一个产品的未来如何。做更大范围的延伸，算出来的是甲乙两国之间的战争，究竟是快速打仗、打完拉倒，还是会拖着耗下去。这些计算不会牵涉个人问题。

个人问题是个人私人的问题，大数据的"大"就在超越私人，得出的是群像、通像，不会有特别的倾向。我们不会针对某个个人平时的行为用大数据分析，分析个人不需要大数据。我觉得大数据与个人隐私不大相干。

大数据很难牵扯到一个有名有姓的个人，很难牵扯到一个人本身的基本权利，但是使一个阶层的群体受到损伤的情况或许会发生。比如经过大数据计算后认定某种工厂不可能赚钱，人工智能判断是"不用开了"，这个结论的结果是几十万工人马上失业。

有人说农业已经不需要人来干了，机械化农业用精准的做法、用自动管理来控制农业生产的各个环节，不需要几个农夫。这说法没错，但是这样做的话，我们就缺少了主动改善的机会。个别农夫看到好的品种会留下改种，看到以前没有见过的植物会观察这个植物，它有什么好处有什么坏处。这就是农夫种田与机器种田的差别，机器种田不管田里的是西瓜、南瓜、冬瓜，走一遍过去都收下来。农夫会质疑：西瓜田里怎么出现了南瓜？

人的因素拿走以后，人工智能还算不算"智能"？它需要靠另外一次改进数据的革命，来改进机器的运算方式。

许倬云
十日谈
—┼—
CHO-YUN HSU'S
NEW
DECAMERON

第八讲

如何认识人类
在宇宙中的位置

所谓「成住坏空」，这是万事万物发展的必然。

那么，从失序到最终崩溃，这中间是怎么走过去的？

有没有改变、调整的可能？崩溃以后又该如何重建秩序？

从十七世纪开始，欧洲由思想革命走向理性革命，人们摆脱了教会、教条的拘束，开始寻找自己对所在宇宙的理解，这在科学发展部分尤其显著。

达尔文进化论是牛顿经典力学在人间的体现

人文社会科学部分的发展，是寻找新的政治制度代替过去陈陈相因的封建社会和教会政治等。这一时期，欧洲逐渐走向开放的商业活动，形成了新的经济模式和新的资本主义。在政治制度方面，资本主义发展形成了市民社会，社会变成开放的社会、进取的社会。

在自然科学方面的进展，则是以牛顿经典力学体系作为代表。根据牛顿经典力学中的万有引力论，世界当中有许多力量互相牵扯，各种力量的来去牵扯之间，逐渐形成大的均衡状态维持下来。物质与能量之间，又可以靠着互相牵扯的力量相互转换。

这个宇宙普遍存在反作用力（reaction），也就是说每一个动作都会遭遇反馈、反应。这个宇宙是可以预测的，简单、明白、可预测，这种宇宙秩序似乎看来是永恒的。所以牛顿的物理学、宇宙定理被看作是永恒的定理，世界的稳定性也靠着动力里面互相的万有引力之间构成了永恒的均衡。

上面所说的，是理想的科学模型。我们要创造的理想的政治制度，人际的互动逐渐形成的民主自由的社会也一样。科学的发展，以及人间的秩序发展，几乎是平行而对应地在进行。过了这个阶段，才发现还有一个可能性：人际的社会是如此发展，自然的发展是否也是这样呢？

于是，人们开始着眼于自然演化的研究。根据达尔文的研究成果，生物是从简单的生物发展到高级的生物，最后发展到人类的。这个演化过程，是从一种单纯的形态分叉出许多不同的异型；如此种种分支的类型各自适应所在的环境，发展出更适合于环境的新的形态，最后发展到最高点就是人类。人类有能力自己做主张、辨别是非，也有能力创造自己的生活环境，寻找食物以至生产食物。人靠双手获取生存、生活物资，而不仅是靠自然环境中的资源，人还能靠智力和体力创造自己的生活，取得资源组织发展自己。

从最低等的生物一步步发展，一步步由简单到复杂，不断发展进步，最后才演化出来人类。这种进步的观念之所以产生，反映的其实也是牛顿经典力学跟达尔文进化论相结合一起的现象。从简单到复杂，到不断地演化、不断地进步，进步史观变成科学史观。一方面人们认为科学有定理，另一方面，人们发现科学观察的对象是不断进步发展的。在现代科学刚出现的时候，人们的理想，是在科学与人文之间建立两条平行演进的路。

为什么演化论会有终止的那一天？

但人们慢慢发现这个模型不尽如人意，因为牛顿经典力学的秩序显得太固定、太简单了，对许多复杂的现象无法解释。而且在那时人们也开始理解到，大的集团也罢、小的集团也罢，大的个体也罢、小的个体也罢，都可以进一步细分。一个太阳系里面，有许多行星系统，一个恒星（比如太阳）有许多行星围绕着它转；行星周边可能还围绕有小卫星，比如月亮作为卫星绕着地球转。这种层层节节的次序，在自然界当中每一步向外扩张、向里分割，都发现其内在秩序本身的架构。然而，这个架构不能完全用"平衡"两个字解释。还有这个结构为什么会分化？分化之后，各种小的部分怎么样和全体合一？若是从"整体"而言，最大的、终极的边界在哪里？这个也是牛顿经典力学体系面临的挑战，使得牛顿主义不能不改变、往前发展。

过去我们从演化论的角度解释，认为人类就是从单细胞生物一路演化发展而来的。从人类学上讲，从动物演变到人类社会，这种演变是如何发生的？这是阶段性的。近古的人类学家将人类社会演化的进程划分为各个演化的阶段，每个阶段是必定需要经过的阶梯。等到转变成为历史唯物主义的时候，马克思根据摩根的人类学，用非常不完美的人类学的调查模型，建构了五个阶段的人类演化论：原始社会、奴隶社会、封建社会、资本主义、社会主义。公平而均衡的工人执政、劳动者执政的新社会就是最终的社会主义阶段，这个秩序是马列主义认为的人类社会必然的演化过程。大家认为这五个阶段的人类社会是历史的定律、历史的铁律，等于天命一样。这是历史赋予人类的一个"定命"，人类必须选择这个"定命"走，才会一步步向上升，而到最终完全实现社会主义阶段。

那么，为什么人类社会演化到最后，反而不能进一步演化了？这是大的疑问。这种想法，无论是自然科学的进化论也罢、人类的演化论也罢，都会面临挑战。到了后面，如何处理演化之中内部的分裂，如何处理演化后期的老化问题，都是需要慎重思考、讨论的无可规避的重大课题。

系统内部的老化与退化

所谓的"老化"，是指一个完备系统内部各环节互相适应的模式，到后来渐渐失序，最终迎来崩溃——所谓"成住坏空"，这是万事万物发展的必然。那么，从失序到最终崩溃，这中间是怎么走过去的？有没有改变、调整的可能？崩溃以后又该如何重建秩序？这都是需要面对的新的课题。面对种种疑问，乐观的演化论或僵化的人类演化论体系，都面临很大的挑战。

二战以后，人类面临很多前所未有的新局面。二战期间人类发明了原子弹，美国就曾用它来轰炸过日本的长崎和广岛，这种毁天灭地的力量非常可怕。我们已经创造出可以毁灭地球的武器，那么我们要反省：人类为什么要这样做？我们世界本来可以安全地存续很久，为什么要发明出这种武器，引爆出人类自我毁灭的

二战期间人类发明了原子弹，美国就曾用它来轰炸过日本的长崎和广岛，
这种毁天灭地的力量非常可怕。图为被原子弹轰炸后，成为废墟的广岛。

危机？青霉素的出现，是人类第一次理解可以将微小的生命体培养成一个力量，放入病人身体中与搅乱身体平衡的细胞作战。换句话说，我们用人类的力量颠覆、参与、介入了天然本来的秩序。

现代科技威力极大，可以影响到整个人类社会乃至宇宙的秩序。这种技术上的不断突破是福是祸？我们对宇宙本身有多了解？在这个时候我们才开始发现，科学家未来肯定是要挑战爱因斯坦提出的"相对论"。我们必须要不断地在原子内部的微观粒子层面，一步步深入探讨。这条路人类究竟可以走多远？每一个地方的颗粒，它是在哪里形成的？很多粒子聚合在一起互相牵扯，是不是可以影响引力或是别的方面？微观粒子的运动，有局限、有方向、有意义吗？这都是很重要的课题，我们无法一时解答。

现代物理学之所以能持续发展，就在于这一路的追问。我们寻找答案的努力，使得我们不断地发现新的课题、新的疑问。比如我们在解释一个粒子穿过一个障碍（量子穿隧）的时候，它穿过去的时候，是变成了另外的粒子还是保持为原来的粒子？这就引发很多"存在"与"不存在"的问题。

这种很专门的微观问题，在科学上认为是实验室里的问题。其实里面的理论、道理，一样可以用到观测大型星体之间的移动，甚至转化到人文社会科学研究上。比如人文社会体的分分合合、老化和退化，这些都可以变成重要的课题，建立一套解释的理论框架。

"摸着石头过河"的价值和意义

当今时代，我们面临一个全新的动态社会。不但单元与单元之间有相互匹配的关系，每个单元里面又分割成无数的更小的单元。我们解释一个结构体系，必须同时解释到结构的内部和外部，包括内外之间究竟有几个层次的关系，才可以解释清楚，这都是我们解释、认识事物的思考模式。

经由这种科学的思考方式研究问题，就不能像牛顿时代一样认为自己肯定能找到"定律"。我们没有这种信心，也没有这种信念。因为，这个思考、探索的过程面临了一大串的疑问有待认识、有待解答。跟牛顿时代用一大串的 yes 和 no 就下判断的心态已经完全不一样，现在我们还在这个对生命充满疑惑，不断探索的阶段里面。在最活跃的研究领域里，生命科学也罢，群体生命之间的关系问题也罢，这些是将来我们人类重建自己思想体系，解释自己存在的环境为何如此必须要做的工作。

自从面对了西方的坚船利炮及随之而来的西学东渐后，中国就失去了主权、失去了领土、失去了自尊。中国开始模仿西方，第一阶段是购买西方的设备比如军舰，第二阶段是中国开始自己尝试自己生产——后来发现前两个阶段的措施都不够用了，因为造和买永远是跟着人家走，才有了第三个阶段：中国培养自己的科学家来参与世界文明的生成，共同寻找许多终级问题的答案。

这就超越了当年的模仿，也超越了模仿过程当中对西方的崇拜。比如说对自由主义，对以美国为代表的西方民主自由政治。

近代中国曾经有人把它们当作普世价值，因为它们经过实验证明确实有效，让美国成为一个富足、强盛的国家。但就现在美国的社会来看，这套方式确实已经不行了。在今天，曾经富强一时的美国民主社会，面对着快要被改变的局面，已经到了非要蜕变不可的局面。

中国当前的政治体制不同于西方，但是对西方科技的崇拜还存在着。曾经，中国介绍过西方的"德先生"和"赛先生"进来，这是"五四"时期的口号："德先生"是刚才讲到的民主社会（democracy），"赛先生"是科学（science）。

但是，如果认为一切问题都能由科学这把万能钥匙解决，这种态度就等于巫师手上有一个可以打开所有门户的符咒一样，这个符咒就是"现代科学"四个字。片面的"科学主义"四个字的影响，对中国长期造成的负面的影响极大。比如，有些人思考问题不能跟着现实走。现阶段的科学研究必须在开放自由中寻找，这是现实的复杂局面千变万化之后，我们必须面对的事实。如果崇拜一种方法来解开魔咒的话，那魔咒永远解不开，因为要打开的门户本身时刻都在变化。你只有一把钥匙，门却时时在换锁。

我们只有摆脱开过去的拘束，才能够面对这个世界重要的事实：天下无时不变，变化是永远存在的。如果我们接受这个事实的话，我们将可以面对一切更真实、更具体的问题，能更清楚地处理自己的问题，也能更清楚地面对未来可能的变化，并做种种的预测来应对。

正如邓小平所说：摸着石头过河。我们对河水的深浅、宽窄、

中華民國八年五月四日北京學界遊行大會被拘之北京高師愛國學生七日近校時攝

中国当前的政治体制不同于西方，但是对西方科技的崇拜还存在着。曾经，中国介绍过西方的"德先生"和"赛先生"进入中国，这是"五四"时期的口号。图为五四运动游行中，被捕的北京高师爱国学生被释放返校后留影。

大小都不清楚，过这条河的时候，必须要一个个石头摸过去，不能说一跳三步地跳过去。底下没有桥、没有路，面上也没有桥、没有船，我们必须慢慢一步步试，不断尝试、不断努力才可以走过去。

我们面对疑问是永远开放的，寻找疑问的答案也永远可以有许多的可能性。许多可能性需要一条条摸、一条条找，找出也许仅仅在这个阶段有用的答案。因此，我们人类对自己问题的解决、对自然问题的回答，都应当是逐步走直线——时时刻刻准备面对问题本身的改变，而寻找更适宜的方式去处理这些问题。这也是我个人的想法，我盼望对大家有用。

```
问    道
  ┼
许  先  生
```

王晓峰，北京天文馆馆长

王晓峰：现代天文学的观测研究表明，人类所居住的地球、太阳系甚至是银河系，只是可观测宇宙的沧海一粟。由此看来，人类在宇宙中应当没有特殊性。从宇宙的视角看，不同国家和民族更应当协作共同应对地球所面临的各种危机。但要使得全人类正确认知我们在宇宙中的位置，可谓任重而道远。许先生，您怎么看？

许倬云：科学家们替人类寻找太空里的各种各样的事情，我们得到的知识只是沧海一粟。大宇宙里面的许多的奥秘、许多现象，有的我们看不见，有的还力所不能及，没有工具可以看见。社会上还继承着过去非常不完整的天文知识，而这些知识留下的空洞不是靠科学进展来填补，反而常常以民族信仰为名，对错误的知识进行延伸和传承。

比如现在的老百姓甚至是很多读过书的人，听到"二十八星宿"这个说法的时候，脑子里面还会留着过去传统意义上对天文的分区，以及古人绘制的简单的平面分布图的样子。其实，"二十八星宿"是民族信仰把肉眼所见、假想的天上的道路，当作真实的天体分布的图像。于是，巨大的天象与微小的人生之间形成了联系，如岁星冲撞会搅乱人间的秩序，天象的变动会影响我们生命里面的许多大小事情，甚至危及国事、天下事。这种从古老中国形而上学假想出来的天文学，加上从印度、希腊等地传进来的假想的天文学，配合形成一个明清以后的天文图，这个天文图还在今天老百姓的心目中作祟。我们日常生活中常见的星座系统，用的是古希腊发展出的一套传统的天文学知识体系。中国是利用星象来占卜吉凶，用的是李淳风这类历史上的太史令，或者皇家天文台观测者的理论。

对于这一点，我常常感觉奇怪：我们的物理教科书、常识教科书都没有对今天天文所见的现象有足够的介绍。于是我们一般的老百姓读完大学，都不见得能够理解现代科学在这方面的研究成果。甚至社会上也没有足够的用通俗易懂的语言介绍相关知识的书籍，我盼望天文学界的同仁们能多写一些科普作品，用通俗易懂的语言把知识传给大家。

渺渺太空，人类只是很小的一块。佛经里讲的"恒河沙数"，每个恒河沙里面有另外一个大的世界。我们只是那个世界里的一个小粒子，实在看不见什么。有些人想争辩问题的时候如果能够认识到这点，或许就可以想得稍微远一些：那么大的天地宇宙，我们个体遭受的小小的辛苦算什么呢？为什么我要争来争去，争名争利？甚至想通过扭曲一些现象、事实，套用天文学的假知识来证明我有天命？

颜毅华，中国科学院国家天文台研究员，明安图太阳射电研究首席研究员

颜毅华：从古代中国甚至到现在，人们总是对天有很神秘的敬重，但是对自然却随意破坏。为什么会有这样的问题，许先生您怎么看？

许倬云：天文学跟其他的科学一样。我们念书的人一辈子从测验、量度、统计，从观察去寻找现象，再逐步把许多散乱的现象归纳成一团、一串，找出几个简单明了的定义来对大的现象、复杂的现象进行初步的解释，也给后来的研究者一把钥匙。钥匙永远会变，我们找的东西越来越多，钥匙也会越来越复杂。这是趟永远没有尽头的旅行。

我们做研究工作的人都是没有尽头的旅行者，在路上要记录我们的所见所闻。天文学家记录下来的所见所闻常常是前所未见、前所未知的，常常会叫人很兴奋。对天文现象与人类的关系的理解，答案就在你所工作的地方内蒙古。那里是一大片草原，天似穹庐，笼罩四野。天在头上，使我们感觉到，在它的笼罩之下我们人类是多么渺小。

也因为这样，在宗教信仰方面，草原民族对天的崇拜和沿海树林旁边的居民的自然崇拜不一样。楚国有森林和海，树林里面有动物和植物，海里面有生物，都可以作为食物，所以他们祭拜的是伸手可及的自然界。但在大草原上，那么伟大的笼罩在我们

头上的天，人们对天的崇拜就是天是如此大、我们人是如此小。

中国文化里面对天的崇拜是在周人进入中原前开始发展的，周人将其带入中原并把它变成天命最重要的一环。孔子解释是人心跟天的结合：天心就是人心，人心就是天心。天的空间无穷无边，有它的尊严，有它的伟大。人心的广大同样如此，是不受时间空间限制的。

你在明安图草原里的感受，我完全能够理解。我去过坝上草原，晚上天空漆漆黑黑，星那么亮、那么近、又那么远。自古以来，对天的崇拜代表了人希望懂得天，也希望在祸福之际天能够给我们一些趋吉避凶的指示。人类常常太自傲了，在天的面前才谦虚。大宇宙一直在变，人类要更加谦虚、更加自信，不要过分自大、不要过分自傲。

十七世纪从西欧开始，人类自大得要命，认为自己无所不能，可以任意糟蹋这个世界。美国开发的历史，就是糟蹋天然环境的历史。美国的开发有多么迅速、有效，就意味着开发的时候多么粗鲁、粗糙。美国的农业生产很粗鲁，用大的机器翻土，一翻就是三尺深；收割的时候连土带根一起翻，翻的时候用水一冲就把泥土冲掉了。美国人开发土地的过程中，对森林也是一片片地除掉，对自然非常不尊敬、非常傲慢。很不幸，这个习惯在近代的世界、人类现代文明里面，成了人人都可能做的事。美国舍得这么做，因为它有北美新大陆的广阔新天地。别处没有那么大的空地可供糟蹋，没有可以奢侈浪费的地方。

人类对自己要有自信，也应当在伟大而复杂的天然秩序前面有谦卑之心。这种心态对人类的前途是有益处的。

李虎，国际知名先锋建筑师，OPEN 建筑事务所创始合伙人

李虎：您如何看待人在自然环境中的位置？我们人类对于这个既强大又脆弱的生态系统的意义是什么？还有，您相信万物有灵吗？

许倬云：第一个问题。人类在最近的一个世纪里糟蹋地球的资源数量之大、范围之广，超过前面多少世纪的总和。更因为有了核弹，破坏力也比过去任何时代更危险、更不可控。

日常生活里面，我们每天都在糟蹋大自然。我住在美国，每一家的后院、前院都有一片绿茵草地。这片草地是没有太大用处的，除了草以外不长别的东西。每年却要加肥料、除虫、除杂草，花那么多的力量去打理它。

美国为什么飓风一来，洪水就泛滥得那么厉害呢？当年美国认为河流要拉得整齐、拉得直，所以对河道截弯取直，还在河流上修筑了很多堤坝、闸门，拓宽河流以便运输。也有用河水来作为灌溉的，也有在大城市旁边截取河里的水供给城市饮水——干净的水流进去，脏水流出去，越到下游水越脏。世界上的河流很少像美国那样，大河走到河口时水流反而越来越小，上游把水都用光了。这些都是十九世纪，美国工兵部队整顿全国水域整出来的后果。他们兴修的水利工程既不利于水的流通，也不利于自然

生态的维持，只是利于他们假想的"方便"。

糟蹋环境方面，美国是始作俑者。因为有一块没有主人的大地，任由他们去糟蹋、去浪费。美国人对于水跟土如此糟蹋，对于森林也是如此。明明知道林区不能住人，有些人还是住到树林里露营、开 Party 等，往往导致山火。大山坡底下，焚风（下坡风的一种）往下吹，下坡风达到一定的温度就会起火。2018年的加州大火就持续烧了几个月，救援力量有四个师，但还要继续不断地往里投。如果这样发展下去，加州将要烧成一片新的沙漠。像美国这种对自然环境大规模的破坏，人类吃不消，我们不能以他们为榜样。没有水、没有绿色、没有土地的高楼大厦，不是人类的未来。

贝聿铭先生的建筑设计，始终是要把人类居住环境与四周天然环境调和起来，而不是单纯的人类征服天然环境。美国建筑师里面拥有这样想法的人很少很少。这些都需要经由社会教育，希望大家能够认识到自然生态的脆弱性。而我们对环境大规模的破坏是如此迅速，将来我们的子孙无处可住的时候怎么办？

第二个关于万物是否有灵的问题，我把自己的亲身经历告诉你。湖北沙市（荆州市沙市区）在荆江边上，对面就是洞庭湖，过去每年都会发大水。抗战期间，有一年，我和父母住在沙市江边上的房子里。忽然看见地上的蚂蚁都出来了，后院的蚂蚁也出来了。当地老的住户说："蚂蚁都出来不好，最近蛇也出来了，有很多小虫子、大虫子甚至连地底下的蚯蚓都出来了，马上要发大水。"出来的蚂蚁爬得我家房子前前后后都是，工人要拿火来烧，我母亲说："不要烧，这是生命。"我们用大的木筐装了土放到二楼走廊上，蚂蚁沿着柱子一直往上爬，最后二楼走廊上满是蚂蚁。我们逃难逃到二楼，蚂蚁也逃难逃到二楼。大概四天后，大洪水就发生了。

还有一个例子是抗战时我在农村逃难，隔壁的农家有个老农，他的老牛天天跟他去犁田。有一天我坐在广场上的磨盘上面，旁边有一口井供全村的人汲水、洗衣服，人们也会聚集在旁边聊天。我忽然听见牛大声地叫，大家也受惊了，说"牛有问题，赶快去看"。只见老农瘫在水田里，已经没有力气了；老牛正在大声地叫，想要挣脱自己身上的犁。大家赶到之后把人救了，把牛也救了。牛平常不会大叫的，这一次老牛知道靠自己解救不了主人，必定要大叫，这就是灵性。

美国几乎家家都有宠物，人们养了些小猫小狗。小猫小狗不会讲话，但人讲的话它们几乎都能听懂，跟人沟通很好。我相信，世界上每一种生物都有灵性。

毛淑德，清华大学天文系主任，中国科学院国家天文台研究员

毛淑德：您对宇宙的"可理解性"有什么看法？为什么宇宙是这么简单、这么可理解，而不是更加无序、完全无法理解的呢？

许倬云：我们希望看见秩序，我们把一些现象组织在秩序之

下，在组织的理论之下加以解释——这种理论跟解释都是人类创造的。

我相信茫茫宇宙的某个星系里面有个星球，那个星球也有一批类似我们人类的生命体，那个生命体的智慧可能已经超越我们。我们得到的许多外层空间来的信息中有许多莫名其妙的符号，也许是天地之间能量放出来的波，也许是在别处也有智慧生命在尝试询问："宇宙之中哪里有高等的智慧生命出现？"

对比地球上生命演化到今天的时间，或许别处生命的演化时间比我们更长久。这又产生新的问题：时间究竟是相对的还是绝对的？这是很大的麻烦事。时间本身要界定时间是我们的难题，空间界定空间也是我们的难题。人类的智慧只能界定到我们可以算得到的空间，可以显示到的时间。可能还有其他空间、时间，我们到现在还不知道。在未知的宇宙深处，是不是有智慧生命已经知道了？我们看不见，也很难说。

但我们人类有野心，希望找出条理，希望归纳出规则。但这个条理和规则都是在我们能够界定的人类智慧可见的范围之内，我们尽量做到。自然科学也罢、任何学科也罢，其实都是必须在这个界定这个假设之下，尽我们的努力。

我们都希望有秩序，这就是很了不起的事情。不仅仅是人，其他生物里面也有很多喜欢秩序的，比如蚂蚁、蜜蜂。蜂巢里的规划多整齐、多好，所有的六角、六边都在一起，一点缝隙不露。人类并不是天生就能发现六角形，但蜜蜂一下子就找到了六角形来建设蜂巢。当然，我们也不知道蜜蜂有没有尝试过别的形状。

还有大雁迁徙的时候，几百只大雁一起往南飞，有序的排列使它们能够共同创造出一个结构减小风阻。大海里的鱼群顺着洋流游，同一类的鱼群它们的尾巴同时摇动造成了后面的回流，这个回流能助推它们的速度。这些动物没有经过实验推演，没有经过考试，没有人教，可它们也慢慢掌握了规律。每一条小鱼、每一只小雁都能够知道按时归队，跟着大潮流一起跑，找到新的目的地。如此种种，都是非常值得尊敬、值得欣赏的智慧。

文厨，高山书院创办人兼校长

文厨：许先生，最后请您为高山书院的师生、GMIC的朋友们说几句话，也为今天的课程做一个小结。

许倬云：今天从各位的启示里得到非常多的益处，我心里面很感激。我觉得大家的想法已经非常接近。也因为接近的缘故，我们面临的问题都一样。那么复杂、那么伟大的宇宙围绕着我们，我们只是其中之一。我们身体内部的结构实际上也等于一个小宇宙，小宇宙里面还有更小的宇宙——血管里面的结构是个小宇宙，而血球的结构也是个小宇宙。

这个世界是有秩序的，不是乱来的。但这个秩序是谁规定出来的？由谁对其加以约束？"理性"两个字是哪边的？这个新的课题，简单点说是上帝给的，但"上帝"是谁？为什么不同的生物种群，或大或小都有理性？它们的所作所为都是这种理性选择之下的结果。科学家做的事是有规律、有理性的寻找，这也是人类理性的表现。这个是人类了不起的地方之一，这个"之一"我们学历史的没有办法做到。因为我们牵涉到的因素太乱，不像科学家们可以撇除其他因素的干扰，我们不能撇除人的感情因素。

我希望是科学家们领路，人文社会学者们跟着大家走的路，人类能够共同发现"理性"的后面究竟是什么东西，大家可以一起找到。

这对我们了解我们身处的自然，了解宇宙、了解秩序都会有所帮助。这是无穷无尽的工作，一代代的人类要持之以恒地进行下去，而且要实时进行校正、修改，实时要找新的课题。我盼望将来没有人文科学、社会科学跟自然科学三个研究领域的界限，我们都在遵循一个真正美好的秩序。

第九讲

人类如何建立

『理想国』

公权力总是有复杂多元的组织，里面的成分很复杂，成员间不能享有同样的福利条件、同样的平等待遇。而乌托邦则要靠一切平等的构想来达到目的。

理想国（Utopia）又被翻译为"乌托邦"，这三个字无论在英文还是中文世界我们都经常看见。尤其是"乌托邦"这个翻译方式很"中国"，里面的"乌"这个字用的是《庄子》里的"无何有之乡"这个典故，它包括了一点想象中的"假托"的存在，其实是"不存在"的意思。所以乌托邦也罢，理想国也罢，都是一个相当矛盾的词汇——我们从内心盼望它有一天能成为现实，但心里又觉得它不太可能会成为现实。

为什么乌托邦总有吸引人的地方？

有时候，我们把乌托邦的理想归置于古希腊柏拉图提出的各种国家体制当中的一个形态。其实并不是完全如此。固然，柏拉图以最优等、最上等的政治民主邦（democracy）作为理想政治模型，但这个模型里还是假定有个圣王在那里制定一些标准，余下的其他种类的政治制度就是民主邦的退化和变形，在他看来都不好。因此，他的乌托邦多多少少指的是一个民主城邦最优秀、最理想的状态。

他用"理想国"这个词汇，来称呼当时雅典民主城邦的理想状态。但是，请大家注意，雅典城邦只有五千多"公民"，而雅典的全部居民人口数量大概是公民的二三倍，这还不算上数量更为庞大的奴隶群体。事实上，柏拉图所说的理想国是属于少数的统治阶层，而不是属于所

柏拉图用"理想国"这个词汇来称呼当时雅典民主城邦的理想状态。事实上，他说的的理想国是属于少数的统治阶层，而不是属于所有公民。图为拉斐尔名画《雅典学院》，后排中间居左为柏拉图。

有的公民——其他人被认为不是公民，甚至是理应被奴役。

　　希腊国家的城邦，本身就是当年雅利安人的掠夺部队打到了爱琴海边缘上，停下来在港口、在山顶建立的堡垒发展而来。雅利安人从那些堡垒据点再出发，向四周去攻城略地。城邦体制本身不是一个真正的国家体制，这种内部的不平等规则，显然是为了处理征服者和被征服者的关系而制定的。作战部落里边的战士，无论在哪个文化或者哪个时代里，通常都对这个部落的战略、战术有发言权，而他们获得的掳掠品也要经过公议后分配给所有的战士。所以战斗部落本身具有局部的民主性格，参与战斗的内部成员有参与和决定部落事务的特权。这并不是任何一个社群组织共同体，都会必然采取的形态。

　　今天我们讲的乌托邦，其实不是基于柏拉图所描述的状态。我想讨论的是：乌托邦作为一个现象，为什么总有吸引人的地方？从希腊过渡到罗马的时代，罗马人提倡"太阳城"和"上帝之国"，那一类的设想也不算，因为它讲的是宗教性——神用他的意志治理着他的本教会的信众共同组成的共同体。这不是我们认为的乌托邦，因为它有先天的限制、排外性，把不在神的体制之内的人排在"太阳城"之外，这些人不在"太阳城"福利圈之内。

英国的乌托邦与中国的桃花源

　　我要说的是，我们今天所使用的乌托邦概念跟十六世纪一个叫莫尔的人有一定的关系。十六世纪左右，英国纺织业正在兴起的时候，养羊比种麦子、种马铃薯都要有利，所以养羊的牧场排挤了农民的农场。在地方上的农民看来，英国当时的经济制度是以羊来驱动人的社会，是贵族排挤非贵族的社会。这是不公平的，所以莫尔有了这种设想——乌托邦是一个假设的小国寡民的社区，大家一起共同生活，社区里没有法律、没有王者、没有刑罚，大家相互之间平等而自由。莫尔所设想的乌托邦，等于是没有政治制度管理，也没有强制力量让每个人服从既定规则的社区。

这种理想很像中国历史上陶渊明所讲的桃花源。桃花源这个地方的故事母型，据我们史语所前辈追溯出来，大概在今天长江三峡口上湖北武陵溪这一带，在当年是少数民族居住的地方。当时的少数民族，最多几千人聚集在山谷里，关起门来过日子。他们可以自给自足，因为西南中国的物产丰富，也没有太大的水灾和旱灾，而山顶和山谷之间生产出的作物也有很大的差异。所以食物的多样性和安全性都可以保障，这使得深山谷地里有一块肥沃的地方，就能让几百人几千人共同居住，形成一个不需要外来的法律管理就可以独自存在的一个社会。这个社会除了部族长老以外，没有其他人管理他们；他们也可以不跟外面的人接触，自由自在过日子。

实际上一直到抗战时期，中国境内依然存在这种少数民族内部自治的聚居地，甚至后来我在中国西南地区转的时候还是看得见。贵州、云南、广西以及湖南的湘西这一带，还是可以看到类似"桃花源"那样自治的小社会，甚至于在江西、福建的客家人聚落，也是一个如此的小社会。所以，陶渊明所描绘的桃花源里"不知有汉无论魏晋"的社会，它不是一个假想，而是一个长期存在于中国边远地区的事实。

在莫尔讲的英国式的乌托邦，实际上跟英国当时新出现的重商主义政府有相当的冲突。当时的政府几乎可以使用一切的公权力从事对外贸易，发动对外掠夺的殖民和开拓，这个和小国寡民的乌托邦有很严重的冲突。

早期美国与以色列的"乌托邦试验"

美国立国的时候，新英格兰一带最早建立的小的殖民社区，采用的也是近似于莫尔所提出的乌托邦的民间自治。最多几百家居住在一个小地方，除了教会以外没有别的力量介入。他们过自己的日子、过自己的生活，对外保持天然环境的恬静、优雅、安全，对内则是平等、互惠、自由、互助的方式共同生活。

这种乌托邦的社会模式，是美国一直往前发展的理想目标。十九世纪很多欧洲人移民到美国来开拓新的生活，他们离开欧洲的旧社会，离开种种规矩的束缚，离开教会、国家与贵族给予的种种压力，宁可到新的地方寻找新的秩序。

我住的地方是美国的宾夕法尼亚州（Pennsylvania），那里有一群当年来的人叫"Quakers"，也就是贵格会的信徒。这个词有"震动"的意思，本意是要提醒教徒"听到上帝的话要被震动"。他们居住的地方大家关系很和谐，教友之间的关系像弟兄一样，这种社区在宾州存在很多。宾州最大的城市费城（Philadelphia）

的英文名是"兄弟之爱"的意思，所以费城也被称为"兄弟之城"。到今天，除了从地名上能看到一些当年的痕迹，实际上在宾州偏远的山角落里面还有小社区如此地生活。他们大半靠着附近的市镇取得生活资源，本身工作场所是在农场里面，木匠、工人等等偶尔到城里做零工过日子，生活恬淡但也安定。这种村庄里面，没有现代种种声光电的设备。

在以色列还是伊斯兰帝国的领土的时候，英国向他们取得了一块土地，让流亡在外的犹太人重回故乡，这是今天以色列国家的起源。回到以色列的犹太人都是有理想的人，他们带回去的建国理想就是一种乌托邦。今天的以色列在尚未建国及建国早期的时候，经济制度是一个互相帮助的合作社或公社的组织方式。比如若干人家合起来共同开发农场，每个人在农场中工作按劳取酬，家庭所需的住房、基本的生活费用以及子女的教育等都由公社统一解决，碰到问题了大家共同开会决定。大一点、管得严格一点的叫公社，小一点、松弛一点的叫合作社。

我曾经去过很多趟以色列，最早是在"六日战争"的时候，那个时候我可以看到还有这种公社的存在。我访问过一家水果公社，他们种的水果到后来大量出产，这些人非常富有，子女的日子也过得很好。但是等富有以后，第二代、第三代人的时候公社就不复存在了，很多人离开公社到外面自求生活，公社也慢慢解散掉。这也是一种乌托邦，这种乌托邦跟当时莫尔想象的乌托邦其实蛮接近。

在以色列还是伊斯兰帝国的领土的时候，英国向他们
取得了一块土地，让流亡在外的犹太人重回故乡，这
是今天以色列国家的起源。回到以色列的犹太人都是
有理想的人，他们带回去的建国理想就是一种乌托邦。
图为建国时的以色列军士。

乌托邦与反乌托邦

乌托邦的观念存在于语言词汇当中，也存在于人类的想象之中，人们也在不断尝试、探索着实现乌托邦的路径。公权力总是有复杂多元的组织，里面的成分很复杂，成员间不能享有同样的福利条件、同样的平等待遇。而乌托邦则要靠一切平等的构想来达到目的，成员间总要互相迁就、互相容忍、互相让步。

以乌托邦模式建立的社群，在自由上就打了折扣——那么起码要取得平等吧？但其实平等也不能完全取得，因为产生分工以后，人与人之间权利的自由分配多多少少有所差距。这类公社组织及类似的乌托邦组织，也不容易和外面的大的政治集团挂钩，更不用说变成更大组织的一部分。这是乌托邦观念落地后的一种矛盾，无可奈何，到了最后里面的成员不得不离开。

乌托邦成立之初的想法很好，大家一起努力过日子，不论穷富大家的资源汇集在一起吃同样的大锅饭。但是这个模式成功的那一天，也就是成员离散的那一天。一旦成功大家就发现有不公平之处，比如工作的轻重、家里人口的多少，种种的情况使完全平等自由的理念在实际上是无从实现。

回到中国的古代，前面讲到陶渊明笔下的桃花源里面没有法律。我其实不觉得桃花源里的长老没有约束众人的纪律，只是并非现代法律的形式。在过去时代，中国内地的农村里虽然没有法律，几个大族的领袖或村里面共同的父老，也可以按照习惯、约定俗成的纪律，来约束民众、裁断事务。这些人数不多的社区，凭借年龄、资历或声望产生领袖，这些人拥有一种仲裁的权利，如此情形在任何公社是难以避免的。甚至以色列建国初期的乌托邦组织，把公权像宪法一样严谨地一条条写出来，到后来发现条例的约定和人的具体执行情况也并不能完全一致。在陶渊明笔下的那个村子里面，桃花源的长老也是有上述仲裁的权力的，但并不一定有公约，更大可能是约定俗成的习惯作为裁断标准。

这个陶渊明时代流传下来的理想，始终存在于中国人的脑子里面。每到战乱的时候，就有人说：我们到山里找个地方，把山口一封，在里面过安定的日子。外面兵来兵去、枪来刀去都和我们无关，等太平以后我们再出来。这种情况在这么大的中国的每一段历史都会出现，平时我们看得见村庄自治形态里也会或多或少出现。如果这个村庄恰好又在大陆外侧，而且不在交通要道上，这种形式可以保持相当长久。

前面所说的，是我认为乌托邦本身可解释的一些层面。但回到最初讲的层面，乌托邦跟权力的结构密切相关——社区里有没有掌握权力的人？小社区会不会因为扩张、生产资料过多，进而经常出现分配问题？或者在某个强人突然出现后，大家会不会过分服从领袖？权力如果长期被掌握在一个小圈子里面，会把这个乌托邦的平等、自由毁掉。

这种反乌托邦的现象，在1998年上映的电影《美丽新世界》的故事里可以看到，这部电影是根据赫胥黎的同名小说改编而来。类似反乌托邦的小说，还有奥威尔的《1984》。奥威尔的这部小说表面上讨论的是乌托邦，实际上是借此批评苏联体制。苏联本身是按照社会主义理想来建设的,但后来因为政治权力太集中了,就造成了弊病。这种经常出现的反乌托邦的现象,是乌托邦理想之中相当矛盾的地方。

那么,有没有人口众多的大国可以实现乌托邦理想?目前来看是没有的。从鸦片战争开始到现在,中国每次受到外面的刺激以后,都有一些人想要改变旧的、不好的国家治理方式,找出新的办法建设一个新社会。所以,晚清以来的中国人,碰到新的主义通常都很兴奋。举个例子,洋务运动时期,李鸿章他们以为最重要的是国富兵强,于是兴办民营和军工企业,训练军队、购买军舰。在他们的理念当中,西欧列强的形态在中国是个乌托邦,当时革新主义者心目中的乌托邦。

有些人像康有为,则回到中国儒家的理想当中去寻找国家和民族的前途。到了后来,也有胡适先生将自由、平等和乌托邦理念带到中国的民主制度之中,成为中国新的的乌托邦。孙中山先生在这上面更进一步,在美国民主自由的模式上,他把社会主义的理想融入进去。所以他的理想到后来在国民党里面实际上居于左翼,而不是右翼,因为他将经济资本主义和国家的社会主义两个合并起来,变成孙中山的三民主义。这些都是用乌托邦来描述的政治理想,但执行起来每次都有偏差,或者永远没有得到机会实现。这都是我们身经其事所知道的一些经过,后面我再详细叙述。我们曾经有所盼望,也有所失望。

奥威尔的小说《1984》，表面上讨论的是乌托邦，实际上是借此批评苏联体制。苏联本身是按照社会主义理想来建设的，但后来因为政治权力太集中了，就造成了弊病。图为电影《1984》海报。

中国有关乌托邦的政治实践

那么，究竟历史上有没有一个不会败坏的理想国存在？《礼运·大同篇》里讲到"太平之世"和"小康之世"，我认为在中国的现实下，这两者是从完全的理想主义往回退一步，在大的国家、大的共同体里面找到起码的可以实现的目标。理想状态的"大同之世"是做不到的，我们能做到的是"小康之世""太平之世"。

在"大同之世"的理想社会，大家都有出力的机会，都有得到报酬的权利，货品不属于任何人独有，按需分配使大家过好日子；一个人从出生、成长、受教育到就业，都由国家来负责安排；没有工作能力的人，老的、生病的、鳏寡孤独的人，都由国家来照顾。这是非常了不起的世界，北欧有些高税收、高福利国家正在往这个方向尝试。

这个早期中国的理想境界不容易达到，但中国在后来如何靠近这一点？我们看中国列朝的管理制度，集大成于汉代。在战国时代列国竞争的时候，列国彼此都想压倒别人，就像今天许多国家都想做老大。所以每个国家都招罗了一批有学问的人，讨论怎么样使得自己国家更强、更好。尤其是如何使国家变得更强，这是第一步，富就是强。强了以后，再要让老百姓的日子过得好、过得公平。

到了汉朝，一步步将秦国强制性的东西转化成为治理国家的理念。汉朝在社区权利、中央权利以及中间管理层的权利之间做适当的安排，让社区、小村庄中本身的秩序构成这个结构的底盘。

各地方的人才经过考试制度，得到机会进入政府做初级公务员。这些初级公务员要到各个层级、各个职位上实习过，懂得政治的各层各面需要掌握的做法，懂得做法里面会遇到的障碍；他们还需要掌握法律，并学习成文法和约定俗成的习惯之间有怎么样的配合。这些是汉代以察举制来选拔、任命、训练官员的方式，有些规则沿用至今。比如这些人被选出来的人参与政治，一定是在故乡以外的省会州郡担任各级的职务，这是为了回避谋取私利的现象。汉代也有成文的法律。根据汉律，御史可以责备丞相，甚至上书告诫政府、告诫皇帝，他们有这种监督的权力。

汉代建设的国家结构，由连接经济网络的道路作为主干，由察举制实现人才和信息的上下流动，保持国家政令的一致性和团结。也有民跟官之间一定的沟通机制，这套制度最基本的单元是社区或者乡村，无数个这样的社区被编织为一张大的网状结构。这个网络最重的两端，一个是基层的社区、乡村，一个是最高层的权力中枢，网络的部分在中间起到衔接作用。所以汉帝国的模式，是拿经济、社会、资讯以及各种资源经过大的网络——可见的网络是大的道路，不可见的网络是官员的流转、人才的流转、信息的流转，把整个国家编织在一起，形成大一统的国家。

这种结构是人间社会可以做到的状态。更上一层，就到"无所为"的大同世界了。要达到这个境界很难很难，如果你我他都做不到，那就只能存在于理想。人类社会发展到理想的"大同世界"阶段，就不需要法律了。没有法律，没有刑罚，没有人管，那是道家的"无为而无不为"的理想。

中国一直以来在政治、社会秩序上努力的方向，就是把乌托邦的政治理想跟现实挂钩，把零碎的结构熔铸成一张大网。这个大网可以散、可以结——中央政权若是不行了，这个大网散掉，散到最后只剩山谷里穷乡僻壤的小地区自治；而这个大网一旦重新聚集起来，广大区域共享福祉，这是中国人理想的结构。

综观世界历史，我认为中国是唯一顾全中央和地方，而且主张以和平、发展交换人员、沟通信息的政治体。这个看法，提供给大家参考。

问　道
┼
许先生

管清友，如是金融研究院院长、首席经济学家

管清友：当今世界再度进入分裂与冲突，相对于过去二十年全球化的繁荣是一种大倒退，俨然是孔子所言的"礼崩乐坏"。新冠疫情冲击下，全球公共产品的提供陷入混乱。在这样一个时代，如何凝聚人类的共识，朝着理想国的状态迈进？当今分裂、冲突的世界最终会以一种什么样的形态收场？

许倬云：这个问题非常重要，我也想了很久，但实在是没有办法完整回答。最近几十年来，经济全球化的趋向，特朗普想要刹住是不可能的。他以"美国优先"这个理由来挑战中国，是堂吉诃德的做法。但我们不能不面对这个情况。这件事情的出现表明很多老百姓心理上还没有准备好全球化，还认为我是我、你是你，没有"天下大同"的全球化的观念。真正有"天下大同"观念的是基督教会跟中国，中国古代的"天下国家"观念是开放的。

对经济全球化现象，我们不能指望它成为乌托邦的理想世界。要实现全球化，首先国与国之间要把藩篱去掉，让经济自由流通。除了查禁毒品、打击人口走私和犯罪以外，不增加关税，实现资

源和财富的自由流通。其次是要把过于集中的那部分财富拿来救济最为穷困的群体，不能让财富和资源永远集中在极小的上层，大部分的穷人永远在下层，这不公平。社会主义的理想是"均贫富"，但如何实现这个目标是另外一件事。第三是建立互相帮助的生活圈。人跟人的关系不完全是经济关系，也不完全是买和卖，共同生活在一起是人的关系里很重要的一块。

生活圈就是个小乌托邦。丹麦、瑞典、挪威这三个小国，实际上就着重在生活圈的互依互靠上面。他们的社区设计很有意思：学校是全社区的中心，每个课堂外面都可以看得见；学校旁边是养老院，老人和小孩的笑声可以互相呼应，未来和过去联系在一起。

在美国，很多中等大小的城市有小的自然社区正在形成，洛杉矶就有好几处。要买的菜和日常补给品大家可以彼此委托一起下订单，以批发价运进来再当场分发，在这个关系上面建立一套秩序。这种小社区有五千人差不多了，超过五千人不行。目前正在慢慢尝试，试得怎么样还不知道。

至于人跟人的关系，我的观念是：什么是自由？自由是我有基本的自由，但我的自由不要妨碍别人的自由。我要平等，要同样的待遇，但不要说只有我的权利没有人家的权利。自由平等既要想起自己，也想起别人。

中国传统文化里提倡"忠恕之道"。中国整个的理想是从"修己"开始，"修己以安民"。修己的第一步是"恻隐之心，人皆有之"，这个"心"开始开发下去就是"恕"，我的心如你的心；进而发展到"忠"的阶段。心里面忠实于自己,忠实于自己的工作、职位,也忠实于国家社会。"忠""恕"两个字,合起来就是"仁"。"仁"是有关心的内在层面,"义"是人跟人相处的层面;"仁"是内修,"义"是外和。"仁""义""忠""恕"是大同之道的根本假设,也不是要求人马上就能做到——做不到"安民",就可以先"安自己"。

中国传统文化教育不是单单读故事、穿汉服、祭孔子、背《三字经》,国内现在有些简单化的复古之道是走偏了的,浮在表面上。真正的传统文化教育,是把中国文化的精髓与西洋文化的精髓合起来,大人教孩子,老师教学生,朋友规劝朋友,大家共同学习进步。

我这辈子愿意跟大家做报告、参加谈话,就是存这份心、立这个愿。我已经90岁了,身体不好,随时准备垮掉。但我做一天和尚撞一天钟,求修己。乌托邦在哪里?乌托邦在你心里。人人心里有乌托邦,人人就都是好人。真正实现在遥远的天边,但你不迈出第一步就走不到天边。

文厨,高山书院创办人兼校长

文厨:中国是一个大国,很多的事情复杂度相当高。日本的问题也一样。今天我们怎么才能在新的阶段与日本更好的互动,与日本在未来很长的时间保持既合作又竞争的伙伴关系?

许倬云：不单是日本，我们四周还有韩国、朝鲜、越南，这四个国家都是中国传统文化的根苗衍化出去的。文化基础这四个国家都类似，但发展方向不一样。日本先走一步，最初是明治维新丢掉中国传统文化模仿西洋，脱亚入欧了。现在日本的文化基础不全都是中国文化，是丢掉了中国文化后又重新捡回来的一部分。

日本最初的文化基础是从九州岛吸收中国文化，他们叫做弥生时代。中国文化从浙江、山东流进日本，九州岛占了很大的势力。在此以前是东北亚的一些骑马民族，从大陆跑到日本群岛去，所以日本的战斗民族精神一直存在。明治维新是藩主推翻德川幕府的统治后，重新建立的国家制度。明治维新以后日本没有武士了，可它的官员都是当年武士阶级的后代。所以现代日本合并了中国和西方两个传统，合得很巧妙，但合得也很不好。巧的地方是两个传统的好处它都收纳一些，坏的地方是日本人的生活分成两截——外面的一截、心里的一截。很多日本人心里很柔和，有时候表现得很凶悍；或者对内很不错，对外很凶悍；对同辈很温和，对下属很凶悍。日本可以有禅宗，也可以对外侵略杀人如麻，还可以采用珍珠港这样的手段偷袭。日本也可以牺牲自己的士兵，但对别的国家也是不仁慈的，日本人并不会宽待俘虏。

日本这个国家是两面的，怎么样改过来是个大麻烦事。我们不能改变人家，就要在懂得人家之后避免它的短处，学到它的长处。我们只需要学习日本的认真、严谨、守己，日本人修己很严，自我约束得很厉害。但他们约束太过之后就要放纵，要在樱花树下喝醉、放纵。日本人的两重性格我们不能学。

我们要守住自己的本来，学世界各地最好的地方。比如曾经我们的短板是科技方面，但这几年赶上来了。但是我们赶上的往往不是根本的基础科学，而是技术层面的一些东西。人文学科方面，胡适先生与傅斯年先生学到"拿证据来"，但没有想到怎么解释证据，解释证据后面要靠哲学，他们不学这一套。我自己是两方面都学，因为我在美国待久了，我的朋友都是搞西方哲学的，不学也得学。

我们要学德国的模式，做事情要严谨，自律也要严格，做学问要彻底，追根究底追到哲学上面去，触及本末处要做最严谨的工夫。在德国交朋友最容易了，我们开学术会议一走进去，言谈举止不卑不亢，只有中国学生和德国学生相处不卑不亢。美国人太野，英国人太拘谨，法国人太假。德国和中国文化中都有读书人的阶层，他们叫"容克"，我们叫士大夫。这一套东西不是靠世袭传递，是靠学问、靠修养累积出来的；这一套东西不是阶级的划分，我们可以把这个士大夫精神传承下去。

第十讲

当下的中美关系

与未来世界

美国今天虽然看起来辉煌，依然是世界上最强大的国家，但美国已经没有与其国际领袖地位相称的声望，这就是当下的美国。

我讲这个话的时候很痛心，我盼望美国能走得更好。

当今美国总统特朗普的行为为何如此？中国的发展将又如何？对我而言，这两个国家——一个是我生长的地方，是我认同的祖国；一个是我接受教育的地方，也是我正在工作的美国。这两个地方与我都有深切的关系。但作为研究历史的人，我要尽量保持相当程度的客观，不能因为偏好哪边就讲好话，不喜欢哪边就讲坏话。

美国的社会制度是不是尽善尽美？

现在的美国为何如此？现在的美国究竟是一个什么样的国家？我们今天要提一个事情。差不多三十年前，弗郎西斯·福山（Francis Fukuyama）出了一本书叫《历史的终结与最后的人》。福山是一个日裔美国公民，学的是国际政治，号称美国军事顾问团当中的"诸葛亮"之一。他的地位不算很高，他的老师亨廷顿（Samuel P.Huntington）却是很重要的角色。亨廷顿当年主张的观点是：世界上正发生文化之间的冲突——白人文化以民主自由为主体，而在这个西欧白人文化以外，是第二世界、第三世界以及他们各自代表的儒家文化、伊斯兰教文化及社会主义的阵容。美国这个白人文化和其他文化之间的冲突，就是他的核心观点"文化冲突论"。他写了一本书叫《文明的冲突与世界秩序的重建》，在全世界影响很大。

福山在亨廷顿的理论基础上又延伸、演化了一步。约三十年前，他就说美国自由、平等的民主制度，以及市场经济决定的资本主义运作，两者结合的体制大概是人类历史上的最后一站，往后的历史不会再有更新的东西出来了。他的意思是：美国代表的制度已经到了人类能发展的尽善尽美之处，不会再有重大冲突和改变；美国模式在文化冲突中已经占了优势，也占了领导地位。

大约二十年前开始的数字化产业爆发，帮助美国渡过了一个大的难关，这就是经济上的转型。美国经济从传统的重工业比如汽车工业、钢铁工业等等，逐渐开始转型到新兴互联网科技产业。从此，以科学为底子的科学技术在人类社会中变得越来越重要，而不是以需求、生活需要而发展出来的技术。"科""技"两个字，在新的工业社会里是连接在一起、不可分的。

福山的意思是美国的制度已经做到了尽善尽美，这个话说的有点过分——从他说这句话开始，很多人说他对世界的看法太简单了。我也觉得他看得太简单了，必须要说一下他观点里的不通之处在哪里。第一，他假定了美国这个自由平等的民主制度乃是人类社会演化过程的最后一站。大家知道，演化论是生物学上的名词，biological evolution（生物演化）——"Evolution"是向外开展的意思，不是一站一站往前面的目标进行。"开展"，是碰到新的环境就要采取新的策略、发展新的制度——以动物来说，就是要发展出新的特性、能力适应新的环境。这种演化是没有尽头的，并不是说演化中的后一站必定高于前一站。福山说人类社会演化到了尽头，误解了"演化"这个词语，也误解了自由民主制度。

他之所以会这么想，是因为他觉得美国在今天的世界上已经稳稳站在最高的地位。经过了两次世界大战的测验，美国制度证明了它可以很快地动员人力物力，打一场大规模的战争，能够把经济制度、工业制度上的效率用在军工生产上、战场上，用在组织部队以及用在编制大战略上。二战以后是差不多半个世纪的"冷战"，美国也赢了。冷战期间，虽然在美国和各国之间没有真的爆发大规模的战争，但各方面都在竞争、比较。这样对抗的目的是什么？美国要证明，自由市场经济制度比较合适，这种制度的弹性很大，生产力和资源可以自由流动，可以根据需求决定市场、由市场决定生产。这个由需求刺激生产的机制可以一直推动社会向各种可能的方向走，所以有弹性和优越性。

生产的产品越多，企业赚到的利润越多，参与生产人的越多，最后大家得到的钱都比以前多——用一句白话来讲，就是"饼越做越大"。当饼足够大的时候，一个人分到的即使是最小的一块也能吃得很饱。如果只有一块小饼，哪怕有人分到很大一块，也会有吃不饱的情况发生。

这句话是以列宁、斯大林时代的计划经济作为参照的。过去的共产主义阵营，中国走上了一条"摸着石头过河"的道路，已经发展成为世界第二大经济体。苏联则垮掉，变成了今天的俄罗斯。在美国的领导之下，五十年来的欧洲复兴之路走得很顺畅。到今天欧洲成立了欧盟，世界走向一个共同的全球市场，而这个全球化的体系由美国领导。

民主制度其实非常脆弱

前面讲过,演化论的"evolution"不是有方向、有目标的竞赛,它是适应变化不断发展的。我们再来看看美国这个机制,最早建国的理想是人人平等、人人自由,凭着自由和平等可以摆脱宗教的偏见,摆脱贵族与平民社会地位上的差异,摆脱穷人和富人之间的差异,在新天地的美国成立了一个新的国家实验。

这个实验从开始到现在已经有二百多年,前面走了一百五十年试路的工作,走得很慢但走得相当顺畅,后面走得比以前更好。于是,美国从一个小小的殖民地转变成世界最大的强国、全世界的领袖。这个事实,是福山立论的基础。我们再看看:民主制度是不是如福山所说,是一个设定得完美的制度呢?它是不是一定像小孩的童话里面讲的"happy forever"?其实不然。

民主制度的母型,是战斗部落里面每个参加作战的战士都有发言权。因为作战部落出去战斗的时候,要想调动每一个人的积极性、主动性,就要给一个目标——大家抢掠来的物资一起共分;大伙在一起战斗随时面临生命危险,每个人要牺牲一定的东西。在这种条件下,每个战士都有充分的发言权;这个共同的意见输出来,就是自由的民主制度。

希腊、雅典认为自己是民主城邦,所有城邦当中的公民都有发言权,都有权利提议放逐某某人而不经过审判——一个公民提议放逐张三,如果几百个公民一起同意,那个人就必须离开家、不许回来了。这也是一个城邦或一个部落安顿下来之后,在安顿中要求内部最大程度的协调和合作,这是最初的民主制度的定义。在希腊城邦里,像斯巴达就没有雅典这么民主化、这么有深度。斯巴达是军事领袖制,有两个王,还有元老会或长老会。两个王当中一个守护城邦,一个带兵出去战斗。这个制度里面,在战斗期间没有民主,战斗结束后才谈民主;战斗开始之前的战略阶段可以谈民主,战斗期间只有听从号令。

因此,希腊城邦并不是民主制度典型的代表。柏拉图讨论民主制度的时候就说,民主制度会有四五种垮掉的方式,其实这套制度是非常脆弱的。军人参政,可能会变成军阀独裁;富人有钱,可以收买人心获得大家的支持,变成富人政治;寡头政治是几个人在一起,组织成小集团联合执政;还有一个流氓政治,就是能言善辩的人或者流氓地痞都有可能煽动人心,破坏民主制度自己上台。民主制度其实非常脆弱,里面任何一环松动就可能被其他制度代替。所以福山将美式民主制度作为人类历史的终点,是有问题的。

没有完美的制度,只有不断更新的制度

再回头看美国本身,福山在另一篇文章里写得比较有道理。在美国因为讲平等,所以每个群体都有一个名称,有的族群名称不好听就不许用。比如非洲后裔的人过去叫"black"和"Negro",现在都不许用,要用"African America"来称呼。福山说美国现在是很多人的美国:有白人的美国,非洲裔后裔的美国,拉丁

与西班牙裔的美国，印第安人后代的美国，亚裔的美国等等；还有中产阶级的美国、富人的美国、穷人的美国、工人的美国；还有城市的美国、农村的美国、郊外的美国——他说美国有太多不同的群体了，太多身份、阶层没有办法结合在一起，很令人担忧。他写这篇文章的时候，就好像忘了自己之前讲过美国的民主制度已经是人类历史的尽头处，已经发展得尽善尽美。

我在写《许倬云说美国》的时候讲过，我从刚刚进入美国到现在已有六十年。这本书里我写了六十年来对美国的观察和一些感想，也指出美国许多问题。最近十年左右，批判美国内部发展问题的书不算少，在《许倬云说美国》里面，我至少提到了十几本讨论当下美国的书，基本都是如下观点：美国松弛了，美国变质了，美国心有余而力不足了，都是批判、检讨美国的问题。

换句话说，美国的问题已经这么明显、这么清楚了，为什么福山还会讲民主自由是普世价值，是人类历史的终点站？民主制度有好的地方——任何制度都有好的地方，也有坏的地方。假如一个东西原本可以转化、改变、调整适应，那么它发展到尽善尽美的时候，也就是它死亡的时候——它不能继续改变了，它不能自己转化成新的东西了。

任何制度，都有"成、住、坏、空"四个阶段——到"坏""空"的时候，就有人会想办法来适应、调节、转变。一个人如果看到问题而没有改变它，顺着毛病继续走下去，就会走向"坏""空"。一个美好的制度一定要给将来留下改变的机会。所谓的"改变"，一个是在于适应变化的能力，另一个更重要的是在于自省的能力。

福山说美国有太多不同的群体了，太多身份、阶层没
有办法结合在一起，很令人担忧。图为民权运动中的
马丁·路德·金在发表演讲。

一个良性的政治制度要有一个机制，可以让毛病显露出来被大家注意；显露这个毛病之后还有另一个机制，是大家可以有意无意之间让这个制度慢慢改变方向，改掉那些显露出来的毛病。一个是有反悔和反省，一个是有改变和适应，两者相配套这个制度才能随着时代不断更新。

美国的自由民主制度，假如按照最初设计的理想状态，每个公民都有发言权，都有就业的机会，都有可能当选为总统，所有的改变都可以在讨论当中进行。但是它忘了一个制度成为一个组织的时候，组织会老化、僵化，尤其专业的人最容易僵化。专业的管理人员，也就是官员，他们是有权力、有利益、有地位，也有身份的；他们如果占住位置不肯下来，势必会拉一帮人保护自己的利益。每一任美国总统都有一批拥护他的人，这些人的目标是抓着总统的权力以求鸡犬升天。美国公务员群体有没有僵化的情况存在呢？有，制度化的繁文缛节愈来愈多，规定越来越苛细和烦琐。

举个例子，我刚到美国念书的时候，一封信在芝加哥城内邮寄要花六分钱，大概两个钟头就能寄到。到现在，美国的邮政局没有人用了，因为它寄东西太慢了。公司和高校也有官僚化的趋向：每个大公司有一个总裁，就有若干个副总裁；学校里有一个校长，就有若干个副校长和助理副校长。管理阶层本来有两三个人就可以，现在最高层有一大堆人，每层还有一大堆助手，这是一个大问题。虽然美国有民主平等的制度，也允许自由的言论，但社会老化过程无法改变，这是当前美国面临的很大的困难。每个群体都要顾全自己的利益。国家利益要切分成一块一块，每个人都要一样大的话，就谁都管不了谁，谁也不能过舒畅的日子。所以福山说美国的现状趋近于完美，这很不像话。

按照美国过去提倡的自由贸易，自由贸易最后的目标是走向全球化，世界各国彼此呼应、彼此帮助、彼此支持的全球大经济。美国本是提倡经济全球化的国家，却在特朗普手上一处处把条约毁掉，把国际组织解散掉，让世界变得四分五裂，美国也基本上因为疫情暴发后的管理失序进入瘫痪的局面。这次总统大选希望可以显示出转机——如果选出来的总统还是特朗普就没有转机了，因为特朗普要奉行保守主义。美国今天虽然看起来辉煌，依然是世界上最强大的国家，但美国已经没有与其国际领袖地位相称的声望，这就是当下的美国。我讲这个话的时候很痛心，我盼望美国不是这样的美国，盼望美国能走得更好。我盼望我们不需要等待很久，就可以看到改变。

库兹涅茨曲线

说到经济发展，我要提一个人：库兹涅茨（Simon Kuznets），在二十世纪六十年代的时候他曾经红极一时。他的一个观点是：经济发展在生产量刚开始提高的时候，得利的是最上层的一群人和投资者；随着产能的进一步提升，分配的差异曲线逐渐被慢慢拉平——终于，最穷的一批人可以得到比原来更多的利益。更富有的国家里，最穷困的老百姓过日子会更容易。他的另外一个观

西蒙·库兹涅茨（Simon Smith Kuznets，1901-1985），在二十世纪六十年代他曾经红极一时。中国台湾在二十世纪七十年代晚期到九十年代中期这二十多年的辉煌，就是利用了他的理论，他是台湾的经济顾问。

点是：没有一个经济体可以靠一个产品独霸世界。所有的经济体里，每一个产品、每一个行业都是相依相靠的；地区之间、行业之间、技术之间都是如此。这段话把经济发展到了起步阶段的时候，最重要的一些想法都在这里有所交代了。

顺便说一句，中国台湾在二十世纪七十年代晚期到九十年代中期这二十多年的辉煌，就是利用了库兹涅茨的理论。库兹涅茨是台湾的经济顾问，谁请他去的呢？在美国教书的蒋硕杰、刘大忠、费井汉这三位华裔经济学家，他们组成一个经济顾问团设计出这套经济发展论，执行者是李国鼎、孙运璿和严家淦。

那段时间，台湾的成就是很令大家钦佩的，朝气蓬勃、有前途，人民的生活水平提高了一大块，跟今天台湾的气氛相比很不一样。那时没有太多界限，今天专门讲"本土化"："你是不是在台湾喝台湾水、吃台湾饭、台湾米，你是不是本土人？"这种尔疆我界、你我之分，那个时候是没有的。

中国最近几十年来的发展可圈可点，走出了一条新型的文明之路，这一点我非常佩服。如此众多的人口摆脱贫困，在历史上是从未有过的，就是因为大家能够分享到经济发展的好处。这是今天我对大陆寄予的希望，希望这条路继续走下去。

国家强盛固然重要，最要紧的是照顾到最穷的人，最要紧的是社会普遍地一起上升——不是经济上升而已，而是社会组织更加健全，思想言论更加自由，政治更加开放，每个人都有社会参与感，每个人都愿意介入公共事务，每个人都愿意为国家贡献自己的一份力。

这是我对于中国的盼望，我希望我可以看得见它实现。我90岁了，时间好像也不太多了。在我还能够看得见的日子里，我真是抱了很大很大的希望。

问　道
许　先　生

王勇，北京大学国际关系学院教授，北京大学美国研究中心主任，北京大学国际政治经济研究中心主任

王勇：美国当前最大的问题是贫富悬殊问题，美国社会存在着制度性的不平等。这种不平等，使得美国理想、"美国梦"遭到巨大的冲击。70%以上的美国人认为，美国当前的分配体系过于受到权势集团的影响。另外，中美之间有很大的差异、矛盾以及冲突，某种程度上也是美国国内问题的外延。您认为美国的不平等将对未来美国的内外政策产生怎样的影响？

许倬云：这个问题也正是非常困扰我们的问题，不仅我，美国的老百姓也很关心这个问题。中美关系的方向不同以后，美国对中国采取的对策就不一样。就美国的贫富悬殊问题而言，从第一次世界大战开始，美国的国际地位初次提升，在国际市场上得到发言权。美国企业在海外市场发展得非常顺畅，国内的经济也是突飞猛进。这种现状给美国人造成了一个幻觉，就是"只要你有钱，什么都行"。这种情况下，美国把对内的政策与对外的政策都混掉了，它认为既然国内发展得这么好，为什么不能在外面

发展得更好？外面有更广阔的天地，更大的施展空间。这样一来，美国立刻就掉入了快速扩张之后的陷阱——20世纪20年代的经济大恐慌。美国国内要掠取更多金钱的欲望，造成了美国经济在世界上的失衡。那一场经济危机长达十年之久，十年后美国经济才缓过劲儿来。

如果没有罗斯福总统采取新政，把国内的贫富差距进行适当的调整，大恐慌还会继续。罗斯福总统用的是以工代赈的方法，国家给的救济不是养活受赈济者，而是付钱让受赈济者工作，为国家做公共建设赚取钱。如此一来，工人、商人、资源、交通业都因此提升上来——有很多人就业，有很多人赚钱，市场消费需求就能提升，国内市场就得以恢复正常。罗斯福总统基本采用的是凯恩斯的理论：金钱是自来水的龙头，水龙头的调节取决于下面供水器的水平高低。这个做法基本是对的，但其前提是政府必须对金钱有相当程度的掌控力。所以美国联邦储备委员会（简称"美联储"）的权力开始变大，相当于国会的"第三院"，"第三院"的权力掌握在经济学家、银行家等专家手里，以保证专业的公平性。

二战胜利直至1960年以后，美国经济再度大起飞，可以说是一飞冲天，这个对美国的刺激非常大，利润也非常大。无论是在二战中被打败的国家，还是共同胜利的伙伴国家里，美国几乎都能得到绿灯，可以自由地开拓市场。当时欧洲靠美国的支援站起来了，日本也得到了美国的支持。全世界的经济站起来以后，美国比第一次世界大战后还要厉害，还要强大。

　　美国尝到甜头以后，有钱人就认为：为什么美国不能继续保持同样的地位和繁荣呢？拥有强大的政府背景，使得美国投资者在全世界投资、垄断利益。这就是今天特朗普总统荒谬的支撑者们所持有的观点。特朗普总统说的"美好的美国"，是只讲美国人赚钱没有讲其他人亏本的事，只讲一家笑不问百家哭。这就是国内的贫富悬殊影响到国际的贫富悬殊以后，产生的很不好的后果。

　　美国政治分成民主党和共和党两派，民主党还继承着罗斯福总统的传统，共和党干脆回到赤裸裸的"有钱人赚钱，没钱人就该倒霉"的地步——不能赚钱代表你不行，你不行就因为上帝不给你恩赐；上帝不给你恩赐，你改都改不过来；我给你施舍一点钱，给你基本的工资，补助基本的收入，除此之外想也不要想。共和党对于社会安全立法特别迟疑，不参与，对于矫正贫富差距和国内建设也不努力。美国人从国内建设赚的钱是不多的，他们从国外赚的钱是少数人赚到了，这是他们极大的盲点。如今美国国内的基础设施愈来愈差，美国的飞机场与中国的飞机场不能比，中国是全新的，美国是很多年前陈旧的设施。美国的公路交通就像是在路上爬一样，货运车与私家车在同一条道路上竞赛，显得非常拥挤，而且这些路一年到头都在修理。铁路更不用说了，几乎等于是废掉了。美国的基础设施绝对要改变，大家建议要依靠现代科技提升到最有效的地步。这样国家也可以雇佣很多人，可以发展很多附加的产业，可以拉动很多小型的工商业，拉动城市以外的小市镇以及农村，拉动农业与工业之间的平衡。但这个提案在今天，甚至于连民主党的竞选方案里面也一字不见，这是令人非常失望的地方。

前面讲到库兹涅茨的理论，不仅在一国内部有用，在全世界也一样适用。库兹涅茨没有预料到的是，科技可以发展得那么迅速、那么彻底，可以说是日新月异。新技术的门打开以后，一个实验室里面小小的课题可能变成非常重大的科技发明，进而完善成为高科技产品，很大的资源被发掘出来了。比如新药品的出现，或者遵循库兹涅茨的观念调整了社会关系带来的新服务业，都是高科技迅速发展以后，财富有了新的去路和新的来路。这是库兹涅茨没有预料到的。假如今天库兹涅茨再画曲线的话，是三曲线、三个平行的高峰：一个是资本家，一个是劳动者，还有一个是开创者，开创者开创的天地愈来愈大。

非常不幸的是，库兹涅茨今天几乎被大家忘到脑后了，这是非常可惜的。

> 王勇：台湾问题关系中国的未来。台湾问题有可能引发中美、中西方关系的进一步对立。"台独"势力有可能借助西方对中国的围堵谋求独立，从而导致海峡两岸的军事冲突。解决当前台湾问题比较现实的解决方案是什么？

许倬云：这个问题令人非常难过。今天特朗普能够有这样荒唐的做法，那么的糊涂、不通和荒谬，居然还能获得如此多的投票者支持他，还有那么多机会主义者跟着他。美国有些地方已经开始出现民兵队，声称要保卫特朗普，保卫新领袖及新领袖提出的新方向——"让美国再次伟大"，这种做法是引火自焚。

如果特朗普再次当选，我很担心他会不会滥用他的权力，让军队来干预政治。美国国防部部长说，军方的态度是服从宪法不服从个人；联合参谋部发表的意见是只服从国会和国会代表的民意，不服从个人。这些话讲得很清楚，给了特朗普一个警告。但不要忘了，军队里与特朗普意见一样的军官不在少数，这些将军掌握了很多军营和营地，一半以上在南部，四分之一在最强悍、最保守的德州。这不是好事情，弄不好美国内部会兵戎相见，新的"南北战争"开始。我们祈祷这种"内战"不要发生，也不要对外用兵造成灾害。

特朗普现在下的棋是：用高科技的专利权作为一手棋子来迫使中国屈服，棋局的中心点放在台湾地区。美国引诱"台独"的人说会支持他们，卖武器给他们，而且引诱他们说台美关系可以"正常化"，美国可以跟台湾重新建立正式的所谓"国际关系"。这样一来，就是在逼着中国开战。如果中国对台湾地区开战，美国只能应战，美国军队没有理由不跟着特朗普走。但是如果台湾地区这么做，会第一个变成炮火的焦点。作为中国人，尤其我在台湾地区居住了这么长的时间，这是我最不愿意看见的后果。

我们不能忽视"台独"的影响力愈来愈大，年轻的孩子一批一批地受其影响。老年人是支持两岸统一的，但年岁不饶人，老一辈人越来越少了。这批愿意继承中华民族观念的人走掉之后，剩下的就是年轻的孩子。他们不会因为长大就更加智慧了，这是我们非常担心的事情。至于两岸是不是会兵戎相见，我相信在夹缝里还有余地，需要各方妥善处理。

美国对中国台湾的态度是：我给你虚空的承诺，但我不给你具体实现。所以在台湾当局正兴高采烈地以为美国可以马上成全"台独"的时候，结果台湾的"外交部长"突然浇冷水说美国并没有承诺这件事情。为什么"外交部长"与自己的"行政院长"及"总统"讲的话有矛盾呢？显然他是被逼到如此地步才说的。到了真正关口的时候，美国会说"我们可不是玩真的，你可不要以为我们会帮你，到时候我们不管"，所以"外交部长"不得不澄清。今天这个关口上的台海局势，非常微妙也非常危殆，拿捏不准，很大的麻烦就出现了。对于我这个在台湾居住了这么长时间的中国人来说，我站在夹缝中，心里最难过，真的不知道该怎么办。

朝鲜战争的时候，联合国军的总部有些人劝蒋介石打大陆，说"你打大陆，我给你支持，什么武器都给你"，甚至间接承诺帮助发展核武器。蒋介石问物理学家吴大猷要不要发展原子弹，吴大猷说："这个核弹要丢到谁头上？丢到中国以外，对你没意义；丢到中国人的头上，你和我能做吗？即使战术型的核弹，你和我能做吗？你和我能把细菌战打到国内去吗？"所以蒋介石就没有再继续下去发展核武器。后来有好几次有人想发展核武器，都以同样的理由被很多人挡住了。美国人后来明白了：万一台湾有了核武器，下面的两岸关系就很难处理了，所以也就不再愿意台湾发展核武器。

　　中国要切除"台独"这个瘤，但瘤长在胳膊上。所以台湾问题对于今天的中国人来说，尤其对于我个人来说，是切肤之痛、刻骨之痛。我心里苦啊，很苦很苦。

许 倬云
十日 谈
—┼—
CHO-YUN HSU'S
NEW
DECAMERON

结束语

对大家的

感谢和期望

文厨，高山书院创办人兼校长

非常感谢许先生真诚又毫无保留的分享，"十日谈"学习期间，我们同学们都体会到了您的辛苦和不容易，课程带给我们一种感动，是我们思考的动力和源泉。

许倬云：感谢大家给了我难得的机会，在晚年开了新的门户，有机会跟国内的青年才俊一起讨论问题，这是我意料不到的机缘。很高兴和这么多人共同讨论这个问题，同声相应，同气相求，大家的目的都是希望知识变成好的用途的东西，不是互相比较互相切磋。因为大家愿意参与知识建设的伟大事业，人民的智慧可以得到更多的启发和挑战，中国会变得更好。这是我对大家的感谢也是对大家的期望，谢谢各位。

许先生，我们也非常感激您过去这两个多月每周四带我们思考问题，在过去的"十日谈"里，您给我们带来了温暖和感动，同学们都希望能有机会说一说他们内心的想法。

简昉，高山书院 2018 级学员，长尚科技创始人兼 CEO

许先生，我给您写了一句话："一种理性的激情，一种以真向善的英雄主义。"

我在您身上感受到理性的激情。如果从一个历史大家身上期待得到什么？我首先想到了智慧和理性。但是踏踏实实学完了您的"十日谈"课程之后,除了让我有满满的智慧和理性收获以外,您带给我更多的是精神力量的震撼,是热血。是从 90 岁人的身上感受到对自己的事业,对为生民立命,为国家未来命运担忧的这种激情。我原来认为社会问题就跟医学一样:找到问题,解决它。结果我发现不是这样的,最后需要解决的其实是价值观上的问题:我们到底怎么走?

我们寻找到的力量是根植于我们内心的善,所以我写了"以真向善",无论是高山书院的同学还是自己的人生,都需要重新审视一下内心深处真正的价值观是什么,是否每天都在为之奋斗。谢谢您。

姚顺义,高山书院 2019 级学员,华泽科技董事长

许先生,非常感谢您。我写的一句话是这样的:不止有米,希望有茶。许先生您的 88 岁米寿已经过了,希望您健康快乐地活过 108 岁,希望有机会可以给您过茶寿。您是旧文化连接新时代的第一老人,又是新思想连接旧文化的智者,我有生之年能得到大智者您的教诲,非常荣幸。

希望您健康长寿,并且在健康长寿的日子里有新的思想涌现。

宁毅,北京大学美年公众健康研究院执行院长

许先生,您好。首先表达对您的敬意。我平时读历史很少,通过学习您的"十日谈"课程,确实重新焕发了我对历史和现代文化的热情。目前我也在认真学习您写的书籍，期望可以把您的大智慧领略一点。谢谢您，真心祝福您健康长寿。

李霞，高山书院 2019 级学员，远播教育董事长

非常感谢许老师给我们开的"十日谈"课程。我是做教育的，最近在研究哥伦比亚大学教育学院对中国现代教育的影响和贡献这个课题，我们发现曾在哥伦比亚大学教育学院学习过的中国留学生，后来要么成了中国有名的教育家，要么对中国的教育制度有很深远的影响，比如陶行知、陈鹤琴、郭秉文、胡适、蒋梦麟等等。

每个时代都有一些伟大的人在做着改变历史的事，许先生影响和改变了中国人的历史观，是这个时代伟大的人。在此祝许先生身体健康，万事如意，继续带领我们学历史、观世界。

董荣杰，高山书院 2018 级学员，虎牙科技 CEO

我以前经常在文学作品中感受到大家的风采（比如民国时期），非常期望能有机会亲自聆听大师讲座。有幸这次借高山书院的平台听到许老师的课程。谢谢许先生！我听过一句话：越是厉害的人，跟他交流会越舒服。我听许老师的课程，感觉如沐春风，非常希望许大师身体健康，能够让更多的人受益。

蒋昌建，高山书院 2018 级学员，复旦大学副教授、著名主持人

许先生您好，我是复旦大学国际关系公共事务学院的老师，首先非常感谢许先生不辞劳苦给我们讲"十日谈"课程，课程让我印象非常深刻：

第一，许先生在中国的文化和历史方面有很深的造诣，而且可以跟世界史进行比较，来洞察当今的世界与中国的变化，以及面临的挑战和我们应该拥有的应战的姿态。很多的观点和想法特别有说服力。第二，我们经常哀叹人到中年，一年不如一年，不是哀叹年纪，而是哀叹跟不上时代的变化。许先生 90 岁高龄，但从您的课程中可以了解到，您对科技的发展，对人工智能、互联网，甚至包括医疗卫生等领域的应用都非常非常的关注。所以在某种程度上您在与时代结合，并且上升到学术性思考的层面，对我们来讲有非常大的鼓励或者是砥砺的作用。

如果在未来，我们能够像您一样保持年轻的心，不跟时代脱节，让我们的脉搏与时代共振，同时有历史关照，又不被历史关照束缚，可以轻松面对未来，我相信对我们来讲是非常大的福利。身为老师的我们，如果能做到这样，对青年学生的成长也会有很大的帮助。

十期的课程，尽管时间不算很长，但字里行间有非常丰富的营养。作为晚辈，再次表达对您的尊重。也希望您保重身体，将来有机会我们再聆听您的教导，谢谢！

陈冰，高山书院 2019 级学员，Fountainhead Partners 创始合伙人

许先生您好，我特别珍惜课程最后的时光，特别感恩您最近一段时间与我们的相会，我看到高山书院做的视频很感慨。您在大洋彼岸用您的智慧穿越千山万水，跟我们在世界各地的老师同学进行连接分享，您一直在用思想与千秋万代对话，这是我最美好的记忆，谢谢您。

陈洁，高山书院 2020 级学员，君合律师事务所高级合伙人

非常感谢过去两个月许先生给我们云上讲课。许先生是哲人也是智者，帮我们点化了过去、当下和未来。我特别感动的是许先生在 90 岁高龄，还一直秉承开放的思想态度与时俱进。另外让我非常动容的，是先生对人类和中华民族命运的悲悯。我记得先生说过，对于任何历史的决断，我们都应当怀有原谅之心。

再次感谢许先生。许先生的课程能够让我们跳脱出当今世界的一些疯狂和纷扰，冷静地回顾历史也展望历史。祝许先生健康长寿，谢谢。

文厨，高山书院创始人兼校长

许先生，我也想跟您说句心里话。刚才同学们说怀念民国的像您这样的老师和先生，我觉得这种召唤对我更强烈。我在硅谷也生活过四年，还研究过富兰克林、马丁·路德·金他们。后来当我回到国内，在"问长江"的路上遇到一个一个的人，我就在想，我可能不会再像以前那样长期定居在国外，我可能更多的会向内寻找自己的根。

今年疫情我写了一幅字"把文章书写在祖国大地上，让科学播种在自然山水间"，这是我的一点点的愿望。某种意义上也是您这两个月的教诲更加坚定了我这样的心意。点点滴滴之间是您影响了我鼓励了我，我希望到了您这个年龄，也能够带着别人一起思考。真的很感激，祝您健康。

您要保重身体，谢谢。

附 录

特朗普时代落幕，
希望全世界不再有这样的领袖

2020 年 10 月 15 日，"十日谈"系列课程结束。2021 年 1 月 20 日，拜登正式就任新一届美国总统，许先生在课程中屡屡预言特朗普败选的判断成为事实。为此他特地录制了这篇讲话稿，首发于《三联生活周刊》。这是许先生对美国历史与当下，对"特朗普时代"的深入总结、反思，也是他对未来世界的期许。

所谓的"特朗普现象"，在美国历史上空前未有。如此这般的一个特殊类型的领袖，居然能够造成那么巨大的影响。他能够鼓动一般的民众——他的拥护者闯入国会，造成那么大的纠纷。他还可以输了选举而不承认，这在美国历史上都是史无前例。我们也希望后面再举行总统大选的时候，不再有同样的情形发生。

美式民主与希腊城邦民主不是同一回事

今年总统换届中的乱象使得美国人大为吃惊：上下各个阶层，政治人物也罢，一般公民也罢，无不深感吃惊。美国号称是民主政治大本营，居然有特朗普这种领袖，出了现任总统不承认败选这种奇怪的事情，还造成支持者冲击国会这么巨大的一个变动。

四年前我写《许倬云说美国》这本书的时候，特朗普刚刚当选。当时我已经提出：这位总统的当选会造成不可知的后果。那个后果，我当时总结一句话就是：以民间的、盲目的群众拥护出一个专制倾向的领袖，而且整个手段是违背一般的民主原则，违背选举的规则，是违背法律、藐视宪法，无视国家基础的大的举动。

从西方历史来讲，讨论各种政治制度最早的一个人是柏拉图。他总结说希腊城邦有至少十五种可能出现的政治形态，最正常的是民主制度。但是，所谓"民主"我们必须要加个定义：它是属于公民的权利，也就是城邦的缔造者、若干大家族或者士族，他们所属的人员作为民主政治的投票基础。一个城邦，大概不过是万把人拥有投票权而已。同样居住在城邦里的奴隶（与公民人口相比，奴隶人口数量可能有十倍都不止）、居住在城外面的居民，这两类人都没有投票权。所以城邦制里的所谓"民主"，是军事占领之后，作战团体集体管理它所在地区的一种政治制度；也是一个军事团体用武力占领了一个城市以后，整顿内部秩序的一种方法手段。这个是当时城邦里"民主政治"真正的定义，跟我们现代政治的概念是不一样的。

与希腊城邦不同，美国实行的民主制度是全民投票。民主政治有一个漏洞，就是有可能出现寡头政治——寡头政治可能是少数富人、军人或煽动者导致的。特朗普这种类型的人就是煽动者，这种人管理之下的寡头政治，很容易滑到专制政治。几个寡头群雄并立共同执政，其中一个人会突然冒出来干掉其他人，变成一人为主的独裁局面。希腊城邦后来演化到罗马帝国时期的时候，所谓共和国、帝国政治都是这一类的形态，不是真正全民执政，而是特权阶级执政。这种历史上的城邦制度，我们拿它当作理想中的民主政治的一个模式。但是这一个模式里面没有顾及被剥夺权力的群体，没有顾虑到降为奴隶的群体，没有顾虑到在城外居住并不属于政府的体系之内的人民。所以，这种民主其实上是有限制的。

可是，我们一直在设计一个理想的政治模式。柏拉图的理想形态，是一个哲学家为王，全民投票的政治结构。至于如何操作"全民投票"，在他那没有说清楚，他盼望本来没有公民权的人都一样可以参与投票。那个是后来我们的民主政治理想，真正的最早的一个梦想。历史上，这种纯粹的民主制度并没有完全实现过。

事实上，历史上的领袖不一定是哲学家、思想家，他通常是军人、会煽动的人，或者有号召力的人。他虔诚地号召民众，群众也拥护、响应他的号召。所以我们知道这个民主政治理想，与开头讨论的时候就有两个差距与差异：一个方向是纯理想状态的设计，一个方向是实际状态的反应。今天特朗普当选美国总统的情形，就是一个煽动者在影响大众的状况正在发生。

美国立国的时候，是由英伦三岛一群不愿意接受统治的人群，或者说不愿意接受天主教思想独裁的人组织建立的。因为世界已经处在启蒙时期，大家觉得没有一个教会可以统治我的思想，尤其是寻找真理的思想；也没一个有阶级——比如说封建阶级或者封建阶层转化而来的王权——可以剥夺我的权利、我的私产、我的行动的权利等等。所谓的自由和平等，平等是从被剥夺的风险之中脱离出来，自由是从被束缚的思想脱离出来。

美国实际上是隐形的贵族阶层统治的国家

在美国的新英格兰——今天的麻省这一带，第一个殖民地的出现的时候，参与者们是希望实现理想的政治模型。但在共和国没成立以前，实际上有很长一段美国还是一个殖民地的时代，他们自己花费力气用木材做成防护墙，拿它将自己与外面印第安人的世界隔绝。他们生活在圈圈里面，没有遭受封建剥削，实际上也没有教会约束他们的思想。但是平心而论，去往美国的这批人是当时英国的清教徒，清教徒脱离公教会直接要上帝负责。在清教徒的认识里面，教堂还是有绝大的权威，可以决定什么是真，什么是伪；什么当信，什么不当信；什么行为违背《圣经》，什么行为是可以被容许的。违背规则的教徒，面临的惩罚是很严酷的，审判组织也是专断的。长老和教会来决定一切，并没有法律，只根据《圣经》实践引申出来的规矩，来保持大家的生活秩序。

从十七世纪英国人登陆，一直到美利坚合众国成立，这一百多年里北美大陆逐渐演化成为殖民地。在殖民地里面有选举产生的首长，但还有看不见的权势阶层。这种权势阶层以富商为主体，富商、名门、大家族、银行的开办者、海上保险的创办者、土地的拥有者、地方上有声望的领袖……后来他们其中一些家族延续下来，社会的领导阶层被他们垄断，成为美国隐藏的"婆罗门"家族。这些家族，到今天的美国依然存在。

美利坚合众国已经成立这么多年了，这个"婆罗门"的阶层，依然在那里掌握全国的政治和财富。这些家族对自己的财产很有规划，他们不会分家——分家就分光了。每一个大家族的财产都成立一个大的信托基金，家族中主要的子弟每年每月会分到一定的生活费。所以美国五十几个大家族所拥有的财团，到今天仍然是美国财富最集中、最具有力量的一个团体。对于美国的国内选举和国际政策，他们有举足轻重的影响。他们所捐助支持的学府，像哈佛、耶鲁、哥伦比亚、普林斯顿，这几家是他们拥有的知识产权的生产者。他们的财富以各种投资财团的名义存在，比如说化学工业、海上贸易，都由若干家大的财团比如摩根士丹利投资之类。这些财团有两个大的交易方式，一个是华尔街的证券交易，一个自家的商品交易。这两个大的市场决定商品价格，也操纵货物的进出和财富的进出。美国实际上是一个隐形的贵族阶层统治的国家，只是从外面看不见。美国的政治制度，也不同于柏拉图所讲的寡头政体——比如说至少它开放选举，至少不是每个婆罗门家族成员都自然而然的能当政。但是他们可以独占知识生产，因为这个是贵族的必要条件；他们可以独占金钱，这个是家族实力的源头；他们还拥有巨大的社会声望。

　　我们看看历任美国总统，像罗斯福、亚当斯、贝茨、布什这些都是出自上述婆罗门大家族的子弟。各行各业里面最重要的占据举足轻重地位的领袖，往往还是在这些家庭的子弟中间产生。所以这个制度之下，才出现特朗普现象。这正如同当年柏拉图所说：从一个贵族体制下面，出现了一个煽动者参与政治，煽动一般群众对自己盲目支持。那么现在这个"一般群众"是谁呢？

为什么特朗普能得到普遍的支持？

特朗普是个买卖人，没有什么权力的买卖人，没有什么社会地位的买卖人。他们家是来自德国的犹太人，到美国后他的祖父开始做投资，他父亲和他都是地产商，没有真正的社会地位，也没有真正的群众基础。但这个人是很有心要出风头的人。所以三四十年前，如果你到纽约去，能看见有一艘大的特朗普的游艇停靠在岸边。这种停靠是不合法的，就等于一辆车在公路边永久停靠一样。但特朗普愿意为此交罚金，让自己的船停靠那边——船上是 Trump 这几个大字，他用这样的方式打广告。

特朗普最大的一批房产，是承包建筑及经营低收入人群的房屋。这种项目是国家补贴贷款，他盖好了以后，租赁或者卖给低收入人群——本钱不用他管，按照标准建成以后，就看他怎么卖或出租，在中间有明盘暗盘获取利润。然后他才积累了资金，投资了旅馆、娱乐场所、高尔夫球场，也投资到选美项目以及球赛。他各个方面都做的是赚钱的事情，还有出风头的事情。他最出风头的事是什么呢？他自己参加做一个脱口秀，他自己对着录音机或者电视机说话，或者是用他的 Twitter、Facebook 直接跟他的粉丝交流。

拥护特朗普的是一群什么人呢？是智识上最没有判断力的底层人士。这些人只能保证自己最基本的生活，他们没有机会念书，他们获取的消息和判断是依靠口耳相传的这种途径直接得来——而且是用最粗俗的话来传达消息，其中夹杂了不少的伪造的消息，也夹杂了许多靠不住的数字。这些语言往往具有煽动性，说出来的主张也比较激烈。这种情形等于喝高度白酒，那是最需要刺激的一群人，只图一时愉快。后来我们发现，这里面极少有非裔、拉丁裔、亚裔。所以拥护特朗普的人，是白人群里面穷苦无告的一批人，他们没有接受教育，也没有未来，连吃饭都成问题。这些人心里烦闷，充满了愤怒，就觉得听着刺激的、麻辣烫一样的话最爽快。我们最初以为，支持特朗普的群众仅仅只是这些。等到他上任以后直到这个月初（2021年1月）支持特朗普的人闯入国会，他在外面吆喝、提醒、指挥他们的时候，我们才发现他的群众基础远超穷人和底层。

美国的工业生产在二十世纪八十年代，发展到巅峰以后逐渐衰落。此前的美国是工业国家，最大的社会底层是劳动工人跟农村的工人。他们当时没有所谓基本的薪酬标准，都要靠罢工来争取合理的工资，所以每次调整工资都很辛苦。经过种种努力，那个时候的工资调得很高，以至美国的生产成本居高不下，人工工资远高于中国劳工、日本劳工。美国国内有些州，比如亚拉巴马州的工会力量就比宾夕法尼亚州要差很远，所以宾州的钢铁业付不起高价雇佣劳工的时候，就搬到阿拉巴马去，人工成本能节省三分之一到一半左右。所以，我们以为支持特朗普的群众是最受苦最受难的这批人，他们没有受过很好的教育，没有自己的判断能力，也没有准确的消息来源。社会上的政治舆论、印在报纸上的舆论、网络上讨论的舆论都是高阶层的舆论，他们看不见，他们听不见，他们不相信。特朗普是获取了这批人的支持。还有谁和特朗普一样赢得了这批人的拥护呢？走街串巷卖药的，各地区廉价商品的销售站中用扩音器来推销产品的，还有大棚里边聚会的南方教会信众。

这次大选，我们才突然发现有很多人——小店主、独立的经营者、下层公务员、军人里边的小军官，以及一般的军人、市民、妇女，还有南方的一般的公民，都是特朗普的支持者。这些基层人群，他们平常投票也不太容易，但他们人数众多，他们处于金字塔下半段，所以特朗普这次得到七千多万票有合理性。可他认为自己的落选是因为民主党的选票造假——他知道可以造假，他认为自己败选那可能也是别人在造假，所以就硬要赖着不算，煽动着"政变"。

特朗普为什么会得到大众的拥护呢？首先，他是个唯"美"主义者——美国至上，I am always number one。其次，他是个保守主义者——比如说歧视少数族群，男性歧视女性，有事业的人歧视没事业的人，这类歧视也是他的态度。第三个就是前面说的支持他的族群——参与大棚集会的南方教会信众，大量中西部农村的农民等等。农村虽然不是工厂，但农民慢慢从个体农户演变成为大农庄的农场主，生产方式也变成依靠机械的大田深耕农业，要靠许多的劳工去做工作。农场的雇主本身是从当年的独立农户挣扎出来的，所以他的知识程度并不比他雇佣的劳工高多少。这些人也是特朗普的支持者。

为什么美国国内有两种对外态度？

当年创立美利坚合众国的时代，清教徒在英国属于市民阶层。新兴的商业社会离开了贵族统治的农业社会，新兴的市场——中小的店家出现，代替了同城的大包商、大客户的分配方式。新兴市民是中小企业的产物，用马克思的话就是——中小型城市中的城市中下层居民成为主体，农村里边的中下层也占了很大比例。他们接受最大的教育是《圣经》，管理、决定他们的思想是教会，清教徒是新教里面很纯粹的，我们叫原教旨派。原教旨派是基本教义派，他们认为唯有《圣经》是对的，《圣经》以外的神学讨论、注释、解释，以及教皇、大主教的诠释都不算。

《圣经》最初原本是犹太人的经典，里面最要紧的一点是上帝，上帝是天地的创造者，是天地的源头，我们人类都是上帝所创造。人不能离开神，这是本来的教义。但是摩西以后，这个神变成独一无二的，信真神者才能得到永生，才能得到未来的幸福，才能回归天堂；不信神，是在自我放逐。信教者还要经过洗礼，每个礼拜六的安息，礼拜天的崇拜，遵守教会婚丧的礼仪，遵守实践教义，符合这些标准才是神的选民。尤其最需要的，是对神要确实坚信无所畏惧，不能离开神的护佑。他们认为自己是英国来的白人信众，是神的选民——这个界限今天在原教旨的教会里边不明说出来，但是"坚定信神者才是神的选民"这一条线，主动地就把非白人排除掉了。因为当年来的信徒是白人，而且教会基本的信众都是白人。虽然后来黑人可以进教会，黑人也有自己的教会，但黑人变成了大棚教会里边的信徒，不一定能够进入正规的教会。

基督教特殊的排他性，无言地、沉默地认定白人中产以上是信宗教的、是选民，除此以外都是异教徒。但是这批人的后代有些居然沦落成为社会的底层，而且还会继续沦落下去。这个趋向是资本主义的美国不可改变的趋势。上个世纪的经济大恐慌，就是资本主义金钱经济走到穷途末路，必须要借助社会救济跟社会的公平来拯救国家的时候——罗斯福新政让美国的政治转了个弯，离开了资本主义商业经济的路线，进而关注社会福利、社会责任。这种转变的思想来源，是欧洲思想大革命、理性大革命、科学大革命以及社会大革命。

从罗斯福新政开始到现在，这近百年间美国国内思想走两个方向。一个方向逐步使美国进入世界，两次大战把美国拖进了世界，不再能够孤立独善于世界之外。因为两次世界大战美国都是最后阶段介入，也获得了最后的胜利。从二战以后美国称霸到今天，不仅是世界经济、军事霸主，美国的政治制度也被许多国家认可、效仿。经济方面，美国掌握了世界经济最大的货币权力。世界货币本来是黄金作为准备金（更早是白银），最后变成以美元作为全世界货币的比较标准。这种情况就等于在赌场里面，美国是庄家，你在赌场上筹码来去，他无形地收你的钱，收你买卖筹码的钱，收你投的钱等等。既然美元是在美国发行，美国可以掌握世界上美元的数量——通货膨胀物价涨，通货紧缩物价贱，这样子构成了美国经济上霸主的局面。美国是世界首富，其国民的生活水准——即使是拿国家救济金的穷人，其生活标准也比亚洲一般人高，更不用说与非洲人、印度人一比较了。

这种过去时代的优越感，使得美国下层人口觉得不平：为什么今天我们不能得到同样的优越地位？其实是因为美国经济的霸权地位自己慢慢滑落了。但美国主张用所谓全球市场、全球化、WTO这一套方式，建立一个涵盖全世界的大赌场。前面讲到美国的婆罗门家族拥有亿万金钱，在全世界横行，处处可以捞回本金、捞回收益。这个钱不好捞的时候，还可以利用不发达地区低价的劳工赚取利润。同样的东西，中国生产的价格比美国便宜不少。这种情况使得美国的经济地位滑落、工厂关门——其实不是关门，大多数工厂迁到国外。工厂主他要求获取利润，他需要低廉的人工工资、低成本的土地及低廉的环境污染成本，还有宽松的政府政策支持。中国设立的许多高新园区等于是无偿提供土地，政府甚至替工厂铺好道路、水路、电路，甚至卸货码头、停车场也给他们建好。种种政策使得工厂主、投资者得到极大的利润。因为这种优厚条件出现于中国、韩国、日本……唯独不出现于美国四周的中南美国家，他们穷得来不及做这事，而且美国不愿意中南美国家在旁边夺取它的市场。

第一个得利的是日本。日本的车价廉物美，迅速夺取了美国市场。美国资本也迅速在日本联合投资，形成"你中有我我中有你"的局面。日本出产的电器产品，从电饭锅到电视机都是价廉物美。后来美国对日本收紧银根——因为日本等于美国的一个殖民地一样的，二战以后美国军队没离开过日本。在日本最兴旺的时候，美国用二十年的时间对其施加打压，从关税、贷款、专利权的约束等方面加以限制。一方面美国是真正的主人，是巨大财富的拥有者，他们以赚钱为目标；另外一方面为了给国民交代，美国要把自己的敌手摧毁或打压下去。所以日本的经济莫名其妙地辛苦了三十年，到现在还提振不起来。美国现在就拿当年打压日本的手段来打压中国，但自己也很辛苦。中国毕竟比日本经济体量大很多，而且中国并不是美国的占领地。

在美国的救济之下，欧洲从二战的废墟上站起来了。英国是美国的朋友，德国是美国培养起来的对手。在欧洲市场上，北欧、中欧，甚至法国、意大利都清醒过来与美国争利。所以，美国第一步的措施是从欧洲退出来——我不再免费保卫你，进而要德国、法国支付给美国"保护费"等等。

第二，美国自己提倡发起的全球性组织，在特朗普任内也纷纷被取消或退出。美国跟各个国家签订的双边协定、互惠条例也一家家取消，甚至与隔壁加拿大的互惠条例也被取消——现在又片面、局部地恢复了。欧洲的英国相当于亚洲日本的位置，英国完全是从废墟里被美国救起来的，所以英国跟日本一样，一方面跟美国很紧，另一方面美国也不容许你完全恢复。所以英国的经济在欧洲国家里最疲软，面临美国市场与欧洲市场的抉择，英国不得不选择退出欧盟靠向美国。

这些全球性的格局，是我们理解为什么美国本土有两种对外态度的前提。一个是民主党的决策，要参与世界性的共同市场，要继续维持全球贸易，要保持各国友好的来往，扩大市场共同得利；一个是共和党的立场，要"关门"——我的特权不能放弃。
特朗普主张"关门"，对于那些失去基本存在价值、存在意义的
中下层——小店店主、公务员、教员、小工厂主、小事务所老板……
这一大批人都向往当年的盛况。特朗普讲出我们为什么不能"美
国第一"的口号，正是他们的心声。所以这一批人就和基督教的
原教旨主义者相重叠，南部的、内陆的原教旨主义者被特朗普一
网打尽，所以他获得的选票占了全国投票人数的一半左右，就变
成我们可以理解的情况了。

现实的美国，如何平等？怎样自由？

最近的新闻报道，我们看见许多的这种讨论。比如说有一个
很现代的中年女性，她非常相信现在的一切，包括战后开始的女
性平权运动，争取拉丁裔的平等地位，双重国籍者平等入境机会
等等。但另外一方面，她的夫家就是原教旨主义者。她发现自己
和夫家的立场完全违背，她就回娘家去了。另外一个人是男性，
他太太跟他本来政治立场很一致的，现在太太跟娘家人的立场一
样，和自己不同了。这些家庭会因为政治立场的不同，造成这样
的分裂，这也是美国"平等""自由"导致的后果。如何平等？
怎样自由？一直是没解决。

大家以为美国公民都是平等的，其实不是。黑人不平等，早
期的黑人没有选举权；女人不平等，女人最初没有平等权，女人
的平等权要建国百年后才实现。但真正地见到女人参与政治，公

开到外面去活动，还是最近这些年发生的事情。我六十年前来美国的时候，女人开车都被认为是很奇怪的事情。女人上教堂要戴个帽子，教会里面说，妇女不戴帽子不能见上帝；教会的职务，女人只能做辅助性的职务，不能做牧师。女人甚至不能参与招标。你可以想想当时的这个局面。

虽然有民权运动为黑人争取到了平等权，但是民权运动也有矫枉过正的地方。比如说补偿黑人，政府政策使得他们享有若干特权，他们孩子可以低分数被大学录取。这个政策惹恼了白人——平等录取我不反对，低分录取不是在以另外一个不平等矫正这个不平等吗？所以怎样才是平等？这个到今天也没有摆平。为什么拥有公民权的西语移民美国人不能欺负，却对西语国家的"外劳"欺负得一塌糊涂？这种不平等的社会现实都是没有办法解释的。大约在一百五十年前，华人入籍美国是受限制的。在别的国家每年几万人进来的时候，华人要求平权，但是如何入籍？一直到1942年抗战胜利以前美国要组建联盟对抗日本，取消了不平等条约，才把华人入籍的限制取消。这些情形都记忆犹新。少数族裔都特别注意争取自己应有的权利，但就和白人里边的老人、失业者起了直接的冲突。有利益上的冲突，也有看不见的冲突。如此种种现状，如何做到平等？美国一直没有处理妥当，才使得特朗普这种煽动性的政客，获得了这群没有太多判断能力的人的拥护。

什么叫自由？自由是我自己做主。你做主可以，但你是社会成员，你不能说我享有我独断、自由的权利，但我要享有社会给我种种的帮助和权利。我要得到好处，我不尽义务——或者我和别人一样享有好处，但是别人尽了义务而我不必尽，这就不对了。比如说同性恋，我认为这是个人的事情，或许每个人都认为这是个人的事情。但《圣经》上认为这是不应当做的事，十诫里面虽然没写这一条，但是《圣经》里面很多地方讲到同性恋是不被允许的。但实际上在天主教会里面我们看得见，神父欺负男童的事情一直到今天没有断掉。可在社会上，大家对同性恋实际上还是斜眼视之。如果同性恋在法律上要争取同样平权，政府认可同性婚姻，就造成另外一种分裂。这一类事情就是自由，究竟是什么样的自由？比如一个人有选择信仰的自由，为什么不能说别人有选择不信仰的自由呢？为什么你进了教会、你受了教会约束，你家可以跟别人家里不一样呢？

这些都使美国保持自由平等的主要柱石——国家建立的柱石、法律所在的柱石——都受到了摇动。所以在 2021 年 1 月 6 日美国国会山发生大冲突的时候，我看见警察跟暴动者在辩论。警察指天画地说：你的意见我尊重，但意见不能够和法律冲突——法律是指"神的法律"（In god）。他没讲法律是国家的法律，他没讲国家是人民共同决定的法律。你可以看得见，在这个情景上，是以信仰来作为标准的。实际上从信仰自由来说，应当允许许多其他信仰共同存在。但基督教的信仰变成了美国立国的根基，连总统宣誓就职也要手捧《圣经》——一下子把其他的信仰像佛教、道教、伊斯兰教等都排在外面。

所以，这些事情如何"自由"？包括宗教自由、信仰自由，在美国实际上已经产生了偏差。实际上对于以白人拥有的基督教信仰作为立国之本这件事，许多自由主义者就不能接受，国家内部就产生分裂。美国国家的财富也早已分裂，最上层 10% 的人口拥有全国财富的 75% ~ 80%。你看这种分配比例，最下层的人分配不到什么财富，就要靠国家的救济，要以法律的名义给他们糊口的救济金、社会福利金。不够的时候还要靠社会上捐赠的食物银行，以及每个菜场七八点以后，当天卖不完的放在后门，让他们在黑暗蒙蒙之下去拿的那些罐头、面包、糖罐子。我看见美国的工业正在一片一片垮掉，本来非常有自尊心、很骄傲、凭能力吃饭的工人，他们依然把帽子压得低低，穿着黑衣服偷偷走到菜场后面，拿上东西快速地逃着上车，担心被熟人看见丢脸。

美国社会经济上的差异，将国家切成一段段的不同阶层——社会理念上的差异，信仰、社会地位、政治主张上的差异，将人切成一块块的。城市与农村、城区与郊外、好的学校与一般的学校……理工医出身的藐视文法商出身，商学、法律专业藐视英语文学专业，大学毕业生藐视中学毕业生……美国本来是合众国，居然出现种种如此的对立和撕裂。所以我很伤心地说，在我写的《许倬云说美国》里面，美国是"离众国"——众人分离了。这个叫人很伤心的。

不要放弃人的尊严，不要放弃人的权利

美国本来是一块很好的土地，有这么一群具有理想的人想要

实现自由平等的理想，过心情舒畅的生活，不受封建压迫，不受权力压迫，不受思想管制。结果沦落到今天，变成濒临滑入无理性、无理智的专制社会的境地。一国总统以煽动性的语言、挑拨的语言、夸张的语言，撕裂国家和人民。如此种种作为，实际上都是为了保住自己的权力。有一天如果特朗普再次当政，或第二次别人当政后也如特朗普这般，三次以后我就不会诧异美国出个军事独裁者或皇帝。希特勒就这么上台的，他的口号本来是国家社会主义——国家掌握财富，国家的精英掌握财富和权力；排除我们不需要的人口犹太人，建立一个纯粹的日耳曼国家，纯正血统的、值得拥有民主自由的国家。希特勒的责权就是控制这条路径。但实际上，这个后果是德国沦入独裁专制，无理性地把国家拉入毁灭性的战争。这种前车之鉴，我们不能不想。

日本同样如此。明治维新的时候有两种人，一种人是学习西方的自由主义者、理性主义者，以及科学主义者。他们希望将思想自由、理性自由带到日本，建立现代国家。但日本本土的军阀假借王权，用武力排除这些人，杀掉了日本的最优秀的一批知识分子，挑起了毁灭国家的战争。如果美国走这条路，也一样可能发生德国和日本曾经发生的悲剧。

后 记

2020 年 7 月 10 日是许先生九十大寿，我们与理想国团队给先生筹备的生日礼物《许倬云说美国》当天上市，先生给《十三邀》观众的回信视频及李银河、葛兆光、许纪霖等老师的相关采访及其他报道也同步推出。几天后先生来信，说对于当下混乱的美国政治、社会，对全球爆发的疫情，对这个时代科学技术与人的关系，对人心中普遍存在的恐慌他有话要讲。中世纪意大利作家薄伽丘以大瘟疫为背景创作了作品《十日谈》，先生说就借用这个名字作为题目吧，我们做一个系列的十次谈话。这是我和陈航老师策划这次课程的缘起。

蒙高山书院文厨校长和秘书长周昌华兄盛情，主持承办了这次课程。7 月 14 日我们确定整体框架，7 月 30 日预热的"第 0 期"就上线了，一直到 10 月 15 日结束。没有昌华兄带领的团队高效而专业的幕后工作，这个课程不可能推进得如此顺畅。在此后的合作中，他们也是不断地迅速迭代、完善种种细节——

当时我在云南腾冲承启园闭关，每天只有晚上十一二点睡前能够看一眼手机确认相关信息，想必给运营团队带来过诸多不便。然而，昌华兄从来没有流露出任何难色。

高山书院团队负责本次项目统筹的是周昌华兄，对接具体事务和提问嘉宾邀请的项目总监是 Cici 王茜，负责音视频制作的是李俊和张慧昌，联络公共关系的是李嘉，新媒体相关工作的负责人是朱珍，现场导播是张亮和 Wenjo，负责品牌和设计的是吴兴晨，负责课堂互动和运营的是雷姝雅、郑海悦和贾辰睿。此外，李奕欣、王信然也参与了课程的筹备。许先生这边负责统筹的是我和陈航老师，王瑜则非常尽责地协助先生完成了音频课程录制的相关工作。"许倬云说历史"公众号相关新媒体传播，由助理朱泳星负责发布。感谢所有人的付出，这个课程才得以顺利完成，进而发展成为眼前这本书。记忆犹新的是最后一期，昌华兄他们说这次只请了一位嘉宾提问，多留出一点时间让高山书院的同学们和许先生说说心里话，场面温暖令人难忘。

过去十年，为了让许先生安心著述，避免过多外在的打扰，我们拒绝了大多数媒体的采访邀约。我也私心以为，年过八十，先生的愿望已经只是著述。为许先生服务的十年间，我和陈航老师协助他出版了八本新书，包括《说中国》《中国文化的精神》《许倬云说美国》这些重要作品。《十三邀》则是唯一一次接受视频访问，未曾想到会在国内引起如此广泛的共鸣与回响。其实，先生一直都在关注当今时代和身边的变化，思考中国文化与人类的未来。有合适的平台和契机，身体状况允许的时候，先生是很愿意讲讲的。当然，这也得益于 zoom 这种新技术平台的出现，让我们的交流、记录变得更为简单。

这次课程的基础稿件由高山书院团队的朱珍、张明和邱施运负责整理，我则承担了进一步梳理结构、文本加工的工作。实习生黄雨晴，对整理书稿亦有贡献。因为许先生是以口语讲述这次课程，在系统梳理文本，将其转化成为书面语的时候，根据先生的语言风格和国内书面表达的规范进行了适度的增删和润色。"十日谈"课程中，许先生对时任总统特朗普多有批评，并比较肯定地预言了特朗普的败选。2021年1月20日，拜登宣誓就职。许先生长达一小时的发言稿《特朗普时代落幕，希望全世界不再有这样的领袖》，经《三联生活周刊》副总编李菁老师安排于次日首发。所以，这篇文章成为本书的附录，亦为许先生对过去四年"特朗普时代"的总结。

好友陈新华女士及特约编辑周芊语审定了最终文稿，谢谢你们的帮助，有些问题得以及时纠正。书中若有任何疏漏之处，责任在我，亦请读者海涵并指出错误，我的邮箱是 whufjw@126.com。还需要感谢广东人民出版社的高高和段洁两位老师的慧眼识珠、肖风华社长的大力支持，这本书才得以顺利出版。

在马希哲先生的帮助下，很荣幸邀请到白谦慎先生为本书题写书名，《与古为徒和娟娟发屋》对我的影响从多年前一直持续到今天，不断在生命中激起回响。

最后，需要特别致谢的是多年好友保艳女士的引介。因为有你，才有了后面种种美好的故事发生。

辛丑孟春

冯俊文于湖北

图书在版编目（CIP）数据

许倬云十日谈：当今世界的格局与人类未来 ／（美）许倬云讲授；冯俊文整理 . — 广州：广东人民出版社，2022.3（2025.8重印）

ISBN 978-7-218-15341-4

Ⅰ．①许… Ⅱ．①许… ②冯… Ⅲ．①国际形势—研究 Ⅳ．①D5

中国版本图书馆 CIP 数据核字（2022）第 004977 号

XU ZHUOYUN SHIRITAN

许倬云十日谈

许倬云 讲授　冯俊文 整理

出 版 人：肖风华

责任编辑：肖风华　李力夫
责任技编：吴彦斌
装帧设计：今亮後聲 HOPESOUND 2580590616@qq.com ·张今亮　胡振宇　赵晓冉

出版发行：广东人民出版社
地　　址：广州市越秀区大沙头四马路 10 号（邮政编码：510199）
电　　话：（020）85716809（总编室）
传　　真：（020）85716872
网　　址：http://www.gdpph.com
印　　刷：三河市中晟雅豪印务有限公司
开　　本：787mm×1092mm　1/32
印　　张：9.25　　**字　　数：**213 千
版　　次：2022 年 3 月第 1 版
印　　次：2025 年 8 月第 7 次印刷
定　　价：68.00 元

如发现印装质量问题，影响阅读，请与出版社（020-85716849）联系调换。
售书热线：020-87716172

许 倬云
十 日 谈

CHO-YUN HSU'S
NEW
DECAMERON